안상현 쌤의 맛있는 논술 레시피

학교 선생님이 콕 집은
초등처음 글쓰기

논리 표현하기

안상현 지음

체인지업

"초등 논리 글쓰기, 이렇게 시작해요!"

　고학년이 되면서 아이들이 배우는 글의 형태도 달라집니다. 설명하는 글, 주장하는 글처럼 글의 길이도 길어지고, 구조도 점점 논리적으로 바뀝니다. 글을 쓰는 데 있어 논리적인 구성이 중요해질수록 아이들은 더 많은 질문을 던지게 됩니다.

　초등학교 3~6학년이 되어 쓰기 시작하는 글은 1, 2학년 때와는 분명히 다릅니다. 단순한 느낌을 적는 수준을 넘어 자신의 생각을 정리해 타당하게 설명해야 하고, 이유를 들어 주장을 펼치거나 다른 사람을 설득해야 하며, 친구들과의 토의와 토론도 해야 합니다. 그래서 그만큼 글쓰기가 어렵고 막막하게 느껴질 수 있습니다.

"글쓰기는 원래 어려운 거야."
"글쓰기는 잘하는 애들만 하는 거지."

　아이들이 이런 마음을 갖도록 그냥 두고 싶지 않았습니다.
　사실 글쓰기에도 '방법'이 있습니다. 생각을 정리하는 순서, 문장을 다듬는 방법, 설득력 있게 쓰는 요령까지, 그 원리를 알고 연습하면 누구나 글을 잘 쓸 수 있습니다.

1	2
설명하는 글쓰기	주장하는 글쓰기

3	4
제안하는 글쓰기	토의&토론하는 글쓰기

  이 책은 초등학교 3~6학년 국어 교과서의 글쓰기 성취 기준을 바탕으로, 설명·주장·제안·토의&토론 글쓰기 방법을 체계적으로 알려줍니다. 아이들이 유난히 어려워하는 논리 글쓰기를 하나하나 짚어 풀어내고, 바로 활용할 수 있는 활동과 팁도 풍부하게 담았습니다.

  글쓰기는 곧 '생각하는 힘'이며, '표현하는 힘'입니다. 이 책을 통해 더 많은 아이가 자기 생각과 주장을 당당하게, 멋지게 글로 펼쳐 내기를 바랍니다. 글쓰기는 절대 특별한 몇몇 아이들만의 것이 아닙니다.

  모든 아이들을 위한, 모두가 함께할 수 있는 표현의 도구입니다.

  이 책이 그 길의 든든한 친구가 되어 주기를 바랍니다.

초등교사 안쌤

초등 처음 글쓰기는 어떤 책인가요?

1
40일 동안 매일 하나의 주제를 학습하여 표현력과 글쓰기 실력이 차근차근 향상됩니다.

2
교과와 연계된 주제를 통해 초등 학습에 필요한 다양한 어휘를 익히고 활용할 수 있습니다.

3
꾸며 주는 말이나 이어 주는 말을 활용해 다양한 문장을 만들어 보며 **표현력**을 키웁니다.

4
경험을 토대로 글을 쓰는 과정을 통해 생각이 깊어지고 **다양한 글감**을 폭넓게 생각해 볼 수 있습니다.

5
글쓰기에 익숙해지면서, 자연스럽게 **자신감**을 키울 수 있습니다.

6
글을 쓰는 과정을 지루해하지 않도록 주제와 관련된 재미있는 **그림**을 넣어 **흥미**를 높여 줍니다.

7
글쓰기를 **체계적**으로 익힐 수 있는 구성으로, **스스로 학습**할 수 있습니다.

8
어휘 익히기+문장 만들기+짧은 글쓰기 3단계 활동을 통해 어휘 학습이 자연스럽게 글쓰기로 이어집니다.

9
각 장의 부록으로 **글의 종류별 특징**을 정리해 글의 형식과 특성을 익힐 수 있습니다.

 ## 초등 처음 글쓰기는 무엇을 학습하나요?

주제와 내용

1장 설명하는 글쓰기
- 01일 설명과 의견
- 02일 사물의 사용 방법
- 03일 스포츠의 종목과 특징
- 04일 과학 실험 과정
- 05일 날씨와 계절
- 06일 요리 과정
- 07일 공통점과 차이점
- 08일 과거와 현재
- 09일 기념일의 의미
- 10일 우리나라의 전통문화

2장 주장하는 글쓰기
- 01일 주장과 근거
- 02일 올바른 언어생활
- 03일 쓰레기 분리수거
- 04일 장소와 규칙
- 05일 교통 규칙
- 06일 인종 차별
- 07일 공동 주택의 예절
- 08일 스마트폰 사용
- 09일 용돈 쓰기
- 10일 공공질서

3장 제안하는 글쓰기
- 01일 학교에서의 예절
- 02일 음식물 쓰레기
- 03일 우리의 명절
- 04일 물 절약
- 05일 공정한 선거
- 06일 우리나라 문화유산
- 07일 독도 사랑
- 08일 지구 온난화
- 09일 생태계 보호
- 10일 전쟁과 평화

4장 토의&토론하는 글쓰기
- 01일 다수결의 원칙
- 02일 양성평등
- 03일 자유와 평등
- 04일 권리와 의무
- 05일 동물 보호
- 06일 어린이 다이어트
- 07일 인공지능 로봇
- 08일 억지 독서
- 09일 세금
- 10일 동물 실험

# 초등 처음 글쓰기는 어떻게 구성되었나요?

1 어휘를 익혀요

2 문장을 만들어요

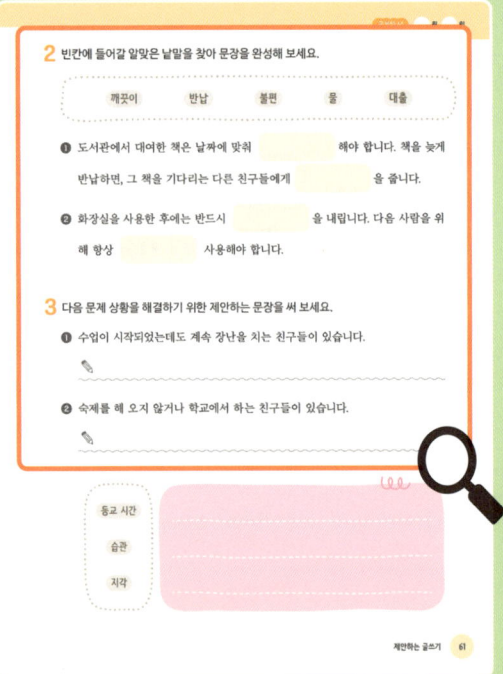

→ 주제와 관련하여 오늘 배울 다양한 어휘를 생각해 보고 초성과 함께 쉽게 익혀 봅니다.

→ 주어진 낱말을 사용하여 문장을 만듭니다. 자신의 생각이나 주장을 문장으로 표현합니다.

3 짧은 글쓰기를 해요

4 선생님과 내 생각을 비교해요

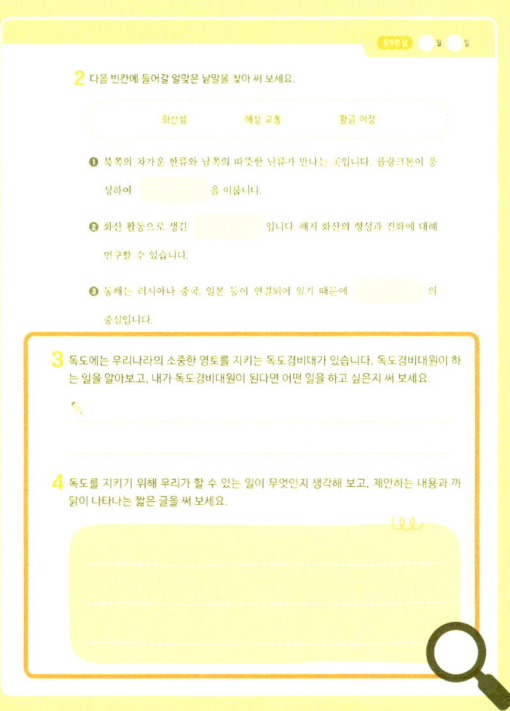

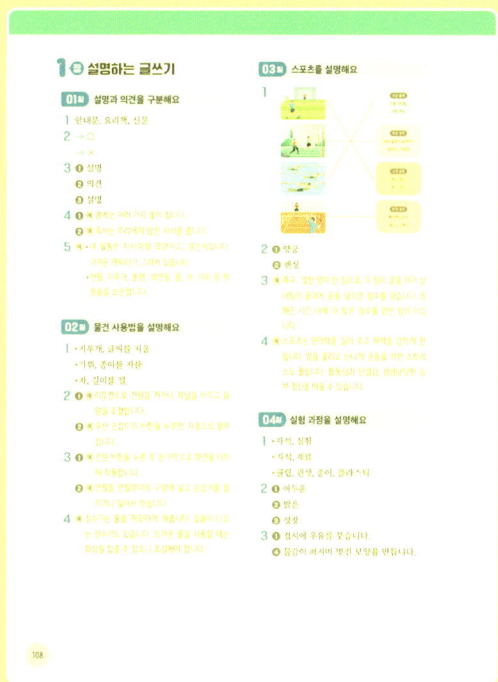

→ 주어진 자료를 활용하거나 자신의 경험을 토대로 짧은 글쓰기를 합니다.

→ 글상자에 채워 넣은 어휘가 맞는지 확인하고, 선생님의 생각과 나의 생각을 비교해 봅니다.

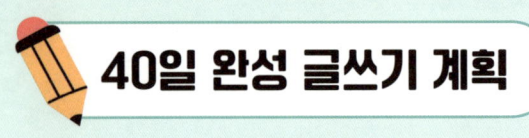

40일 완성 글쓰기 계획

장	일	주제	페이지	공부한 날	
1장 설명하는 글쓰기	01	설명과 의견을 구분해요	12	월	일
	02	물건 사용법을 설명해요	14	월	일
	03	스포츠를 설명해요	16	월	일
	04	실험 과정을 설명해요	18	월	일
	05	날씨와 계절의 특징을 설명해요	20	월	일
	06	요리 과정을 설명해요	22	월	일
	07	공통점과 차이점을 설명해요	24	월	일
	08	과거와 현재를 비교해 설명해요	26	월	일
	09	기념일의 의미를 설명해요	28	월	일
	10	전통문화를 설명해요	30	월	일

장	일	주제	페이지	공부한 날	
2장 주장하는 글쓰기	01	주장과 근거를 익혀요	36	월	일
	02	바르고 고운 말을 사용해야 합니다	38	월	일
	03	재활용 쓰레기를 분리해서 버려야 합니다	40	월	일
	04	장소마다 정해진 규칙을 지켜야 합니다	42	월	일
	05	교통 규칙을 잘 지켜야 합니다	44	월	일
	06	피부색으로 차별하면 안 됩니다	46	월	일
	07	공동 주택에서는 예절을 지켜야 합니다	48	월	일
	08	스마트폰을 오래 사용하지 않습니다	50	월	일
	09	용돈을 계획적으로 써야 합니다	52	월	일
	10	공공질서를 잘 지켜야 합니다	54	월	일

장	일	주제	페이지	공부한 날	
3장 제안하는 글쓰기	01	선생님께 인사를 잘 합시다	60	월	일
	02	음식물 쓰레기를 줄입시다	62	월	일
	03	우리 명절을 소중히 지킵시다	64	월	일
	04	물을 아껴 씁시다	66	월	일
	05	공정한 선거를 합시다	68	월	일
	06	문화유산을 보호합시다	70	월	일
	07	독도를 아끼고 사랑합시다	72	월	일
	08	지구의 온도를 낮춥시다	74	월	일
	09	생태계를 보호합시다	76	월	일
	10	전쟁을 멈추고 평화를 지킵시다	78	월	일

장	일	주제	페이지	공부한 날	
4장 토의&토론하는 글쓰기	01	모든 것을 다수결로 결정할 수 있을까요?	84	월	일
	02	남녀의 역할이 정해져 있을까요?	86	월	일
	03	자유와 평등 중 무엇이 먼저일까요?	88	월	일
	04	권리와 의무 중 무엇이 더 중요할까요?	90	월	일
	05	반려동물은 행복할까요?	92	월	일
	06	어린이에게 다이어트가 필요할까요?	94	월	일
	07	인공지능 로봇의 장단점은 무엇일까요?	96	월	일
	08	억지로라도 독서를 해야 할까요?	98	월	일
	09	부자는 세금을 더 내야 할까요?	100	월	일
	10	동물 실험이 꼭 필요할까요?	102	월	일

1장

설명하는 글쓰기

　설명하는 글은 지식이나 정보를 사실에 근거해 전달하기 위해 씁니다.
　자신의 주장이나 의견이 아닌, 사실을 중심으로 읽는 사람이 쉽게 이해할 수 있도록 쉬운 낱말과 문장으로 써야 합니다. 설명하는 글은 중심 생각을 담은 '중심 문장'과 이를 '뒷받침하는 문장'으로 이루어져 있습니다. 또한 처음, 가운데, 끝의 세 부분으로 나뉘어 구성됩니다. 처음에는 설명하려는 대상을 밝히고, 가운데에서는 그 대상을 알기 쉽게 자세히 설명합니다. 끝부분에서는 앞의 내용을 간단히 정리하고 마무리합니다.
　지금부터 설명하는 글의 특징을 익혀 봅시다.

설명과 의견을 구분해요

설명은 어떤 대상을 다른 사람이 이해하기 쉽게 풀어 쓰는 것이고, 의견은 그 대상에 대해 자신이 가진 생각을 말하는 것이에요. 그래서 설명은 사실에 바탕을 둔 객관적인 표현이고, 의견은 사람마다 다를 수 있는 주관적인 표현이에요.

1 정보를 전달하는 목적의 글을 모두 찾아 ○ 표시를 하세요.

안내문   편지   요리책   동화책   신문

2 그림에 대해 '설명을 나타내는 문장'은 ○, '의견을 나타내는 문장'은 X 표시를 하세요.

→ 라면을 끓일 때는 먼저 냄비에 물을 넣고 끓입니다. 물이 팔팔 끓으면, 라면과 스프를 넣고 4분간 더 끓입니다.

→ 나는 라면을 좋아합니다. 라면을 먹은 후 국물에 밥을 말아서 먹는 게 세상에서 제일 맛있습니다.

3 다음 문장이 '설명을 나타내는 문장'인지 '의견을 나타내는 문장'인지 구분하여 알맞은 곳에 ○표시를 하세요.

❶ 나무는 공기를 맑게 하는 역할을 합니다. → 설명 | 의견

❷ 환경을 보호하기 위해 분리수거를 잘 해야 합니다. → 설명 | 의견

❸ 다람쥐과 곰, 개구리, 뱀은 겨울잠을 잡니다. → 설명 | 의견

4 다음 '의견을 나타내는 문장'을 '설명을 나타내는 문장'으로 바꾸어 보세요.

❶ 봄에는 예쁜 꽃들이 피어서 기분이 정말 좋습니다.

❷ 독서를 하면 똑똑해지는 것 같습니다.

5 내 필통을 꼼꼼히 살펴보고, 다음 물음에 설명하는 글로 답해 보세요.

- 필통은 어떤 모양이고 겉모습은 어떤가요?

- 필통의 역할은 무엇인가요?

02일 물건 사용법을 설명해요

새로운 물건을 사면 그 물건을 처음 사용하는 사람을 위해 사용 방법과 기능을 설명하는 자세한 사용 설명서가 함께 들어 있어요. 물건의 기능과 사용법, 유의 사항을 설명하는 글쓰기를 해 봅시다.

1 그림을 보고 물건의 이름과 역할을 써 보세요.

- ☐☐☐
  → ☐ 때 사용합니다.

- ☐☐
  → ☐ 때 사용합니다.

- ☐
  → ☐ 때 사용합니다.

2 다음 물건의 특징을 읽고, 사용법을 설명하는 문장을 써 보세요.

❶ **특징** 텔레비전은 여러 개의 채널에서 다양한 방송을 보여 줍니다.

사용법

❷ **특징** 자동 우산은 쉽게 펴지고 접힙니다.

사용법

3 다음 물건의 사용법을 자세히 설명해 보세요.

❶ 스마트폰

❷ 연필깎이

4 다음 낱말을 모두 사용하여 정수기의 기능을 설명하는 짧은 글을 써 보세요.

정수기

얼음

화상

03일 스포츠를 설명해요

옛날 사람들은 음식을 구하기 위해 달리고, 활을 쏘고, 창을 던지기도 했어요. 다른 사람에게 자신의 실력을 자랑하기 시작하면서 점차 다양한 종류의 스포츠로 발달했지요. 스포츠의 종목과 특징을 설명하는 글쓰기를 해 봅시다.

1 다음 그림과 관계있는 스포츠 종목을 찾아 선으로 연결해 보세요.

수상 종목
수영, 다이빙, 서핑, 카누

육상 종목
100m 달리기, 높이뛰기, 멀리뛰기, 마라톤

구기 종목
축구, 야구, 농구, 배구

라켓 종목
배드민턴, 탁구, 테니스, 스쿼시

2 각 문장이 설명하는 스포츠 종목을 다음 낱말에서 찾아 써 보세요.

> 양궁   유도   펜싱   역도

① 활로 화살을 쏘아 일정한 거리 밖에 있는 과녁을 맞혀 점수를 겨루는 경기입니다.
→

② 한 손에 검을 쥐고 규칙에 따라 상대의 신체를 찔러서 득점을 겨루는 경기입니다.
→

3 내가 알고 있는 스포츠의 종목 중 한 가지를 선택하여 관련 규칙을 설명해 보세요.

- 스포츠 종목:

4 스포츠를 즐기면 좋은 점을 두 가지 이상 들어 설명하는 짧은 글을 써 보세요.

설명하는 글쓰기

실험 과정을 설명해요

과학 실험을 할 때는 먼저 필요한 재료를 준비하고, 실험 순서에 맞게 진행해요. 실험을 한 후에는 실험 결과를 기록해요. 실험의 과정을 정확하게 따를 수 있게 설명하는 글쓰기를 해 봅시다.

1 자석 실험을 하려고 합니다. 빈칸에 들어갈 알맞은 낱말을 써 보세요.

→ 실험 주제

어떤 물건이 ㅈ ㅅ 에 붙는지 알아보는 ㅅ ㅎ 을 하려고 합니다.

→ 실험 실행

ㅈ ㅅ 에 실험 ㅈ ㄹ 를 가까이 대 보면 어떤 물건이 붙는지 알 수 있습니다.

→ 실험 결과

ㅋ ㄹ , ㅍ ㅅ 등 철을 포함한 물건은 붙고, ㅈ ㅇ 나 ㅍ ㄹ ㅅ ㅌ 은 붙지 않습니다.

2 햇빛이 식물에게 주는 영향을 알아보는 실험을 하려고 합니다. 빈칸에 들어갈 알맞은 낱말을 찾아 써 보세요.

> 밝은   어두운   성장

❶ 똑같은 식물 두 개 중, 하나는 햇빛이 안 드는 　　　　 곳에 놓습니다.

❷ 다른 하나는 햇빛이 잘 드는 　　　　 곳에 놓습니다.

❸ 한 달 동안 두 식물의 　　　　 을 관찰하며 비교합니다.

3 다음은 '우유 마블링' 실험 과정입니다. 빈칸에 알맞은 문장을 넣어 보세요.

• **준비물** : 접시, 우유, 여러 가지 색의 물감, 주방 세제, 면봉

1 ✏️ 　　　　　　　　　　

2 여러 색깔 물감을 우유 위에 한 방울씩 떨어뜨립니다.

3 면봉에 주방 세제를 묻혀서 물감 위에 콕콕 찍어 봅니다.

4 ✏️

05일 날씨와 계절의 특징을 설명해요

하늘의 구름과 비, 눈은 어떤 원리로 만들어지고, 낮과 밤이 생기는 이유는 무엇인가요? 우리나라의 사계절과 계절별 특징 등 자연 현상을 설명하는 글쓰기를 해 봅시다.

1 그림에 어울리는 문장을 찾아 선으로 연결하고 빈칸에 들어갈 알맞은 낱말을 써 보세요.

온도가 낮아지면서 물방울이 얼음 알갱이로 뭉쳐서 내리는 것은 [ㄴ] 입니다.

태양이 지구를 비출 때는 [ㄴ], 비추지 않을 때는 [ㅂ] 입니다.

하늘에서 물방울이 모여 [ㄱ][ㄹ]을 만듭니다.

구름 안에 있던 물방울이 [ㅂ]가 되어 땅으로 내립니다.

2 다음 낱말을 사용하여 계절의 특징을 설명하는 문장을 써 보세요.

선선한 단풍잎 수확	따뜻한 새싹 겨울잠
추운 두꺼운 눈사람	더운 낮 장마

❶ 봄은 날씨가 _____ 계절입니다.

✏️ _____

❷ 여름은 날씨가 _____ 계절입니다.

✏️ _____

❸ 가을은 날씨가 _____ 계절입니다.

✏️ _____

❹ 겨울은 날씨가 _____ 계절입니다.

✏️ _____

3 다음 낱말을 모두 사용하여 '비가 내리는 이유'를 설명하는 짧은 글을 써 보세요.

증발
수증기
구름

설명하는 글쓰기

06일 요리 과정을 설명해요

요리를 할 때는 알맞은 재료를 준비하고 정해진 방법대로 만들어야 맛있는 음식이 완성돼요. 요리 과정을 잘 설명하면 다른 사람도 쉽게 따라 할 수 있어요. 지금부터 요리하는 방법을 하나씩 알아보며 설명하는 글쓰기를 연습해 봅시다.

1 다음 그림을 보고 음식의 이름과 빈칸에 들어갈 알맞은 낱말을 써 보세요.

쿠키
→ ㅁㄱㄹ 와 설탕, 달걀을 함께 넣고 섞습니다. 반죽을 작은 동그라미 모양으로 만들어 ㅇㅂ 에 넣어 굽습니다.

달걀말이
→ ㄷㄱ 을 여러 개 풀고 ㅅㄱ 을 조금 넣습니다. ㅍㄹㅇㅍ 에 기름을 두르고 달걀을 천천히 동그랗게 말아 줍니다.

프렌치토스트
→ ㄷㄱ 과 ㅇㅇ 를 섞어 식빵을 적십니다. 프라이팬에 ㅂㅌ 를 두르고 식빵을 노릇하게 구워 줍니다.

2 다음 설명은 어떤 음식을 만드는 과정일까요? 빈칸에 알맞은 낱말을 찾아 써 보세요.

> 김치볶음밥   달걀 볶음밥   화채   빙수

❶ [　　　　　　] 　　　　　　 ❷ [　　　　　　]

과정1 얼음을 곱게 갈아서 그릇에 담는다.

과정2 팥 또는 좋아하는 과일을 올린다.

과정3 연유나 초코 시럽 등을 넣어서 비빈다.

과정1 밥과 김치를 프라이팬에 넣고 볶는다.

과정2 햄이나 고기 등 좋아하는 재료를 잘게 잘라 넣는다.

과정3 달걀프라이나 치즈를 밥 위에 얹는다.

3 다음 그림을 보고 김밥 만드는 과정을 설명해 보세요.

과정1

과정2

과정3

설명하는 글쓰기

07일

공통점과 차이점을 설명해요

서로 다른 대상을 비교해 보면 같은 점과 다른 점을 알 수 있어요.
이처럼 공통점과 차이점을 살펴보면 대상을 더 잘 이해할 수 있지요.
지금부터 공통점과 차이점을 설명하는 글쓰기를 해 봅시다.

1 서로 비교하기 좋은 그림끼리 선으로 연결해 보세요.

2 다음 두 대상의 공통점은 무엇인지 써 보세요.

❶ 사과와 바나나는 둘 다 _____ 입니다.

❷ 산과 바다는 둘 다 _____ 입니다.

❸ 자동차와 자전거는 둘 다 _____ 입니다.

3 다음 두 대상의 차이점은 무엇인지 써 보세요.

❶ 사과는 _____ 색깔이고, 바나나는 _____ 색깔입니다.

❷ 자동차는 바퀴가 _____ 이고, 자전거는 바퀴가 _____ 입니다.

❸ 축구공은 _____ 로 차고, 야구공은 _____ 로 칩니다.

4 책상과 의자의 공통점과 차이점을 설명하는 짧은 글을 써 보세요.

설명하는 글쓰기

08일

과거와 현재를 비교해 설명해요

옛날과 지금을 비교해 보면 생활 모습, 물건, 생각하는 방법까지 다른 점이 많아요. 하지만 변하지 않고 그대로인 것도 있어요. 과거와 현재를 비교하며 달라진 점과 비슷한 점을 살펴보는 글쓰기를 해 봅시다.

1 그림에 어울리는 문장을 찾아 선으로 연결하고, 빈칸에 들어갈 알맞은 낱말을 써 보세요.

과거에는 ☐ㅇ☐ㅊ☐ㅌ☐ 에 편지를 넣어 소식을 전했지만, 현재는 ☐ㅇ☐ㅁ☐ㅇ☐, 문자를 보냅니다.

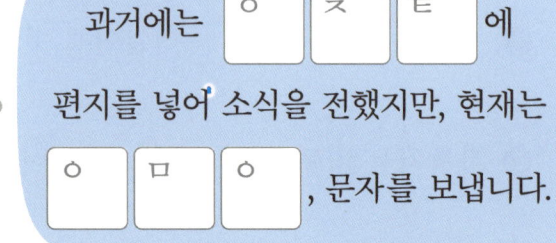

과거에는 ☐ㅅ☐ㅈ☐ 에서 장을 봤지만, 현재는 대형 ☐ㅁ☐ㅌ☐ 에서 장을 봅니다.

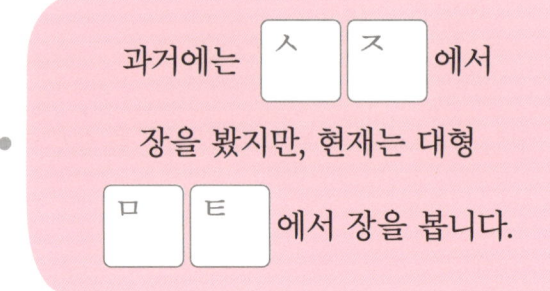

과거에는 ☐ㅊ☐ㄱ☐ㅈ☐ 에 살았지만, 현재는 ☐ㅇ☐ㅍ☐ㅌ☐ 에 많이 삽니다.

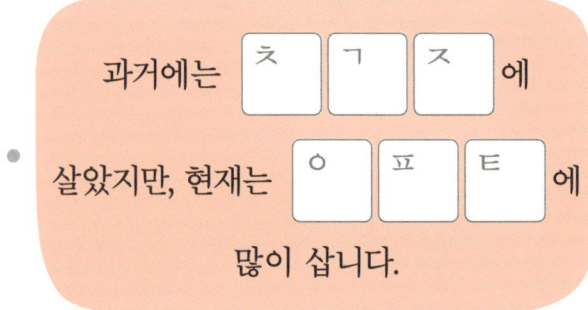

2 다음 낱말을 사용하여 과거와 현재가 어떻게 달라졌는지 설명하는 문장을 써 보세요.

① 가마솥 , 전기밥솥

② 현금 , 신용 카드

③ 빗자루 , 진공청소기

3 과거에서 현재까지 전화기의 변화된 모습을 비교한 후 짧은 글을 써 보세요.

09일 기념일의 의미를 설명해요

우리나라에는 삼일절, 현충일, 제헌절, 개천절 등 다양한 기념일이 있습니다.
기념일마다 담긴 의미를 알면 그 날을 더 뜻깊게 보낼 수 있어요.
기념일의 종류와 의미를 알아보고 설명하는 글을 써 봅시다.

1 다음은 기념일에 대한 설명입니다. 빈칸에 들어갈 알맞은 낱말을 써 보세요.

삼일절

→ 1919년 3월 1일에 일어난 ㄷㄹㅇㄷ 을 기념하는 날입니다.

애국심과 독립 정신을 이어 가기 위해 집집마다 ㅌㄱㄱ 를 답니다.

한글날

→ ㅅㅈㄷㅇ 께서 훈민정음을 반포한 것을 기념하는 날입니다.

ㅎㄱ 의 소중함과 아름다움을 되새기고, 우리나라에 대한 ㅈㅂㅅ 도 느낍니다.

2 다음 기념일의 날짜는 언제이고, 어떤 의미가 있는지 설명하는 문장을 써 보세요.

① 제헌절

날짜 ☐월 ☐일

의미 ✎ _____

② 개천절

날짜 ☐월 ☐일

의미 ✎ _____

3 다음 기념일을 설명하는 짧은 글을 써 보세요.

10일 전통문화를 설명해요

한복, 한옥, 전통 놀이처럼 우리나라는 오랫동안 지켜 온 멋진 전통문화가 있어요. 전통문화를 알면 우리나라를 사랑하는 마음이 자라나요. 우리나라 전통문화에 대해 함께 알아보고 설명하는 글을 써 봅시다.

1 다음 전통문화와 관련된 그림을 보고 빈칸에 들어갈 알맞은 낱말을 써 보세요.

→ ㅎ ㅂ 은 우리나라의 전통 의상입니다. ㅁ ㅈ 이나 격식을 갖추는 자리에서 주로 입습니다.

→ ㅌ ㄱ ㄷ 는 우리나라를 대표하는 무술입니다. ㅂ ㅊ ㄱ 기술이 특징이고, 2000년부터 올림픽 정식 종목이 되었습니다.

→ ㅍ ㅅ ㄹ 는 우리나라의 전통 음악입니다. ㅂ 을 치는 고수의 장단에 맞추어 소리꾼이 이야기를 풀어 냅니다.

2 다음은 우리나라 전통문화를 설명한 글입니다. 빈칸에 알맞은 낱말을 넣어 문장을 완성해 보세요.

❶ [　　　　] 은 긴 겨울을 나기 위해 초겨울에 많은 양의 김치를 담그는 것입니다.

❷ [　　　　] 은 우리나라 전통적인 주거 형태로 나무와 흙, 돌 등 자연 재료로 지어졌습니다.

❸ [　　　　] 은 방바닥을 따뜻하게 하는 우리나라 고유의 난방 장치입니다.

3 다음 우리나라 전통문화에 대해 설명하는 문장을 써 보세요.

❶ 비빔밥

❷ 사물놀이

❸ 씨름

4 외국인 친구에게 우리나라 전통문화 중 하나를 소개하는 짧은 글을 써 보세요.

★ 내 상상 속의 특별한 동물을 소개해 보세요. 그 동물은 어떤 생김새를 가졌고, 어디에서 살며, 무엇을 좋아하는지 자세히 설명해 보세요.

지식 더하기

전기문이란?

실존했던 인물의 생애와 업적을 사실적으로 기록한 글입니다. 그 인물이 살았던 시대의 상황과 역사적인 의미 등을 알 수 있습니다.

1 전기문의 특징

- ☑ **진실성(사실성)**: 인물의 일생을 사실 그대로 기록한 글이므로 사건, 장소 등이 모두 실제 있었던 것을 바탕으로 합니다.
- ☑ **역사성**: 인물의 삶이 담겨 있으며, 해당 인물이 그러한 업적을 남길 수 있었던 역사적 배경이 드러납니다.
- ☑ **교훈성**: 인물의 훌륭한 점, 본받을 점을 제시합니다.

2 전기문의 구성 방법

- ☑ **일대기적 구성**: 인물의 출생부터 활동, 사망에 이르기까지의 일생을 모두 살펴볼 수 있습니다.
- ☑ **집중적 구성**: 인물의 일생 중 중요한 사실만을 집중적으로 기록하는 구성입니다.

3 전기문을 읽는 방법

- ☑ 인물이 처한 상황과 행동으로 인물의 가치관을 파악합니다.
- ☑ 글이 주는 교훈과 인물에게 본받을 점을 찾아봅니다.
- ☑ 인물이 살았던 시대의 역사적, 사회적 배경을 이해합니다.
- ☑ 역사적인 사실과 글쓴이의 해설, 평가 등을 구별하여 읽습니다.

2장 주장하는 글쓰기

    주장하는 글은 다른 사람을 설득하기 위하여 자기의 생각이나 주장을 조리 있고 짜임새 있게 밝혀 쓴 글입니다. 주장하는 글에서 글쓴이의 생각을 '주장'이라고 하고, 이러한 주장을 뒷받침하는 내용을 '근거'라고 합니다. 주장하는 글은 '서론, 본론, 결론'으로 구성됩니다. '서론'에서는 글쓴이의 주장을 밝히고, '본론'에서는 서론에서 제시한 주장을 뒷받침하는 적절한 근거를 두세 가지 정도 제시합니다. '결론'에서는 본론에서 제시한 내용을 간략하게 요약하면서 다시 한번 자신의 의견을 강조합니다.
    주장하는 글의 특징을 익히고 활용하여 논리적인 글을 써 봅시다.

주장과 근거를 익혀요

주장이란 어떤 대상에 대해 가지는 생각이나 의견이고, 근거는 주장을 뒷받침하는 것으로 주제와 관련이 있어야 해요. 근거를 쓸 때는 주관적이거나 모호한 표현은 쓰지 않아요. 주장과 근거를 익혀 주장하는 글쓰기를 해 봅시다.

1 주장하는 글쓰기에 필요한 구성 요소를 모두 찾아 ○ 표시를 해 보세요.

주장   느낌   의견   감상   근거

2 다음 그림을 보고 빈칸에 들어갈 알맞은 낱말을 써 보세요.

→ 길을 건널 때는 꼭 초록색 신호등에 ㅎㄷㅂㄷ 로 건너야 합니다.

ㅁㄷㅎㄷ 을 하면 사고가 날 수 있습니다.

→ 수업 시간에는 ㅎㄷㅈㅎ 를 사용하지 않습니다. 수업에 ㅈㅈ 하는 데 방해가 됩니다.

3 다음을 주장하는 문장은 '주장', 뒷받침하는 문장은 '근거'로 구분해 보세요.

❶ 용돈을 아껴 씁시다. →

꼭 필요한 물건이 있을 때 살 수 있습니다. →

❷ 영양분을 골고루 섭취할 수 없습니다. →

편식을 하지 맙시다. →

4 다음 주장을 뒷받침하는 타당한 근거를 써 보세요.

❶ 주장 자연을 보호해야 합니다.

근거

❷ 주장 아침밥을 꼭 먹어야 합니다.

근거

5 다음 주장을 뒷받침하는 알맞은 근거를 써 보세요.

주장 학교 숙제는 집에서 해야 합니다.

근거1

근거2

주장하는 글쓰기

02일 바르고 고운 말을 사용해야 합니다

말을 할 때는 듣는 사람이 기분 좋게 느낄 수 있도록 바르고 고운 말을 써야 해요.
바르고 고운 말은 친구와 사이좋게 지내는 데 꼭 필요한 약속이에요.
바른 우리말 사용에 대한 주장하는 글쓰기를 해 봅시다.

1 다음 문장에서 잘못된 높임 표현을 찾아서 밑줄을 긋고 바르게 고쳐 써 보세요.

- "주문한 음료가 나오셨습니다."

  → _____

- "이 제품은 2만 원이십니다."

  → _____

- "여기서 주사를 맞으시겠습니다."

  → _____

2 다음 '초등학생의 욕설 사용 문제'에 대한 글을 읽고, 주장과 근거를 써 보세요.

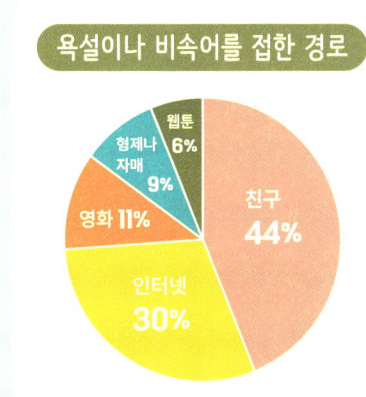

초등학생의 50% 이상이 초등학교 때 욕설을 배운다고 합니다. 친구와의 대화에서 욕설을 사용하지 않으면 대화가 잘 되지 않을 정도로 욕설 문화가 널리 퍼져 있습니다. 친구끼리 욕설을 주고받으면서도 이것이 문제라는 점을 인식하지 못하는 것이 더욱 큰 문제입니다.

주장

근거1

근거2

3 '올바른 맞춤법 사용'을 주제로 주장과 근거가 있는 짧은 글을 써 보세요.

재활용 쓰레기를 분리해서 버려야 합니다

무분별한 쓰레기로 인해 지구는 몸살을 앓고 있어요. 쓰레기는 늘어나지만 마땅히 처리할 방법을 찾지 못하고 있어요. 쓰레기도 분리수거를 잘 하면 귀중한 자원이 돼요. 쓰레기 문제와 관련하여 주장하는 글쓰기를 해 봅시다.

1. 쓰레기를 재활용하기 위해 알맞은 분리수거 통을 찾아 선으로 연결해 보세요.

2 다음은 '쓰레기 분리 배출'을 주장하는 글입니다. 글의 구성을 생각하여 알맞은 근거를 써 보세요.

서론 재활용 쓰레기를 정확하게 분리해서 배출해야 합니다.

본론 근거1 자원을 절약할 수 있습니다.

근거2 ✏️ ＿＿＿＿＿＿＿＿＿＿＿＿＿＿＿＿＿＿＿＿＿＿＿

근거3 ✏️ ＿＿＿＿＿＿＿＿＿＿＿＿＿＿＿＿＿＿＿＿＿＿＿

결론 재활용 쓰레기를 정확하게 분리해서 배출하면, 쓰레기를 줄이고 환경을 보호할 수 있습니다.

3 쓰레기를 정해지지 않은 곳에 마구 버리는 것을 '무단 투기'라고 합니다. 쓰레기 무단 투기를 주제로 주장과 근거가 있는 짧은 글을 써 보세요.

장소마다 정해진 규칙을 지켜야 합니다

우리는 학교, 놀이터, 도서관처럼 다양한 곳에서 생활하는데 장소마다 정해진 규칙이 달라요. 모두가 즐겁고 안전하게 지내려면 규칙을 잘 지켜야 해요. 장소에 따라 어떤 규칙이 있는지 살펴보고, 규칙에 대해 주장하는 글쓰기를 해 봅시다.

1 그림을 보고 빈칸에 들어갈 알맞은 낱말을 써 보세요.

→ ㄷ ㅅ ㄱ 에서는 다른 사람들에게 방해가 되지 않도록 ㅈ ㅇ ㅎ 행동해야 합니다.

→ 수영을 하기 전에는 ㅈ ㅂ ㅇ ㄷ 을 해야 ㅇ ㅈ 하게 즐길 수 있습니다.

→ 학교의 ㅂ ㄷ 에서는 서로 부딪치지 않도록 뛰지 않고 ㅇ ㄹ ㅉ 으로 통행합니다.

2 다음 주장에 알맞은 근거를 찾아 선으로 연결해 보세요.

놀이터에 쓰레기를 함부로 버리면 안 됩니다.

실내화는 교실이나 복도 등 실내에서 신는 신발이기 때문입니다.

쉬는 시간에 운동장에 나갈 때는 실내화를 운동화로 갈아 신어야 합니다.

여러 사람이 이용하는 공공장소를 깨끗하게 유지해야 하기 때문입니다.

3 다음 낱말을 활용하여 주장에 알맞은 근거를 써 보세요.

❶ 버스나 지하철 등 대중교통을 이용할 때는 큰 소리로 대화하면 안 됩니다.

불편

❷ 수업 시간에는 친구와 떠들지 말아야 합니다.

방해

4 영화관에서 지켜야 할 규칙에 대해 주장과 근거가 있는 짧은 글을 써 보세요.

05일 교통 규칙을 잘 지켜야 합니다

길을 건널 때나 차를 탈 때 교통 규칙을 잘 지키는 것은 내 생명과 다른 사람의 생명을 지키는 일이에요. 교통 법규에는 어떤 것이 있는지 알아보고, 이를 잘 지키는 위한 주장하는 글쓰기를 해 봅시다.

1 그림을 보고 빈칸에 들어갈 알맞은 낱말을 써 보세요.

➡ 횡단보도를 건널 때는 ㅊ ㄹ ㅂ 에 ㅈ ㅇ 를 잘 살핀 후 건너야 합니다.

➡ ㅈ ㄷ ㅊ 에 타면 안전을 위해서 ㅇ ㅈ ㅂ ㅌ 를 꼭 매야 합니다.

➡ ㅈ ㅈ ㄱ 를 탈 때는 안전모와 ㅂ ㅎ ㄷ 를 착용해야 합니다.

2 다음 교통 안전 표지판을 보고, 알맞은 의미를 찾아 선으로 연결해 보세요.

| 자전거를 타고 지나갈 수 있습니다. | 보행자가 길을 건너갈 수 있습니다. | 어린이 보호 구역입니다. | 장애인 보호 구역입니다. |

3 어린이가 지켜야 할 교통 안전과 관련된 주장을 두 가지 써 보세요.

주장1 _____

주장2 _____

4 3번에서 쓴 주장 중 하나를 선택하여 주장과 근거가 있는 짧은 글을 써 보세요.

06일

피부색으로 차별하면 안 됩니다

인종 차별이란 피부색, 민족 등 특정 인종에 대해 불이익을 주는 것을 말해요. 우리나라에도 결혼 이주민이나 유학생, 외국인 근로자 등 많은 외국인이 살고 있어요. 인종 차별의 문제점을 생각하며 주장하는 글쓰기를 해 봅시다.

1 그림과 관련된 설명을 선으로 연결하고, 각 인물의 이름을 찾아 써 보세요.

버락 오바마   넬슨 만델라   에이브러햄 링컨

남아프리카 최초의 흑인 대통령으로 흑인 인권 운동에 앞장섰다.

미국 제16대 대통령으로 흑인 노예를 해방시켰다.

미국 최초의 흑인 대통령으로 다양한 인종의 통합을 이끌었다.

2 다음 주장하는 문장에는 '주장', 근거를 나타내는 문장에는 '근거'라고 쓰세요.

① 피부색은 사람의 가치나 인격을 나타내지 않기 때문입니다. →

② 우리는 서로의 다름을 존중해야 합니다. →

3 다음 그림을 보고 '살색'의 의미를 생각해 보고, 주장과 근거를 들어 글을 써 보세요.

주장

근거

4 '모두가 평등한 세상'이 왜 필요한지 생각하고 주장과 근거가 있는 짧은 글을 써 보세요.

공동 주택에서는 예절을 지켜야 합니다

아파트나 빌라 등 함께 공간을 나누며 살아가는 공동 주택에서는 서로 지켜야 할 예절이 있어요. 그래야 서로 불편하지 않고 즐겁게 생활할 수 있어요. 이웃과 어울려 살아가기 위해 지켜야 할 예절에 대해 주장하는 글쓰기를 해 봅시다.

1 그림을 보고 공동 주택에서 지켜야 할 예절을 생각하며 빈칸에 알맞은 낱말을 써 보세요.

➡ 늦은 시간에는 ㅊ ㅅ ㄱ 나 ㅅ ㅌ ㄱ 처럼 소음이 나는 물건을 사용하면 안 됩니다.

➡ 집 안에서는 ㄸ ㅈ 않아야 하며, ㅅ ㄹ ㅍ 를 신고 걸어야 합니다.

➡ 늦은 시간에는 이웃에게 방해가 될 수 있으므로 ㅇ ㄱ ㅇ ㅈ 를 하지 않습니다.

2 그림을 보고 공동 주택에서 다 같이 지켜야 할 예절에 대해 주장하는 문장을 써 보세요.

3 '엘리베이터를 탈 때 지켜야 할 예절'에 대해 생각하고, 주장과 근거가 있는 짧은 글을 써 보세요.

08일 스마트폰을 오래 사용하지 않습니다

스마트폰은 잘 사용하면 편리하지만, 잘못 사용하면 건강이나 생활에 나쁜 영향을 줄 수 있어요. 스마트폰을 바르게 사용하는 방법에 대해 알아보고, 올바른 사용을 주장하는 글쓰기를 해 봅시다.

1 스마트폰 사용의 문제점에 대한 주장과 그에 알맞은 근거를 찾아 선으로 연결해 보세요.

건강에 나쁜 영향을 줍니다.	게임, SNS에 많은 시간을 쓰며 공부를 소홀히 하게 됩니다.
사고가 날 수 있습니다.	시력이 나빠지거나 좋지 않은 자세로 사용할 때가 많아 건강에 해롭습니다.
친구에게 상처를 줄 수 있습니다.	스마트폰을 보며 걷다가 넘어지거나 교통사고가 날 수 있습니다.
학습에 방해가 됩니다.	대화방에서 집단 괴롭힘이나 따돌리는 일이 생깁니다.

2 스마트폰 사용에 대한 글을 읽고, 주어진 낱말을 사용하여 주장하는 문장을 써 보세요.

2024년을 기준으로 초등학교 고학년의 스마트폰 보유율은 무려 87.7%에 달합니다. 스마트폰으로 사용하는 기능은 영상 시청(34.7%)과 게임(30.2%)이 대부분입니다. 또한 하루에 4시간 이상 사용하는 학생도 22.2%로 높은 수준입니다.

❶ 학습

❷ 사용 시간

3 스마트폰을 너무 오래 사용했을 때 어떤 문제가 생기는지 경험을 바탕으로 써 보세요.

❶ 건강 문제

❷ 생활 문제

4 '스마트폰을 공부에 활용하는 방법'에 대해 생각하고, 주장과 근거가 있는 짧은 글을 써 보세요.

09일 용돈을 계획적으로 써야 합니다

용돈은 한정되어 있기 때문에 아무렇게나 쓰면 금방 없어질 수 있어요.
필요한 것과 원하는 것을 잘 구분하고, 계획을 세워 알맞게 써야 합니다.
용돈을 계획적으로 사용하는 방법을 알아보고 주장하는 글쓰기를 해 봅시다.

1 용돈을 바르게 사용하는 방법을 생각하고, 빈칸에 들어갈 알맞은 낱말을 써 보세요.

→ 용돈을 쓰기 전에는 ㄱ ㅎ 을 세웁니다. 그렇지 않으면 용돈을 ㄴ ㅂ 할 수 있습니다.

→ 용돈을 받으면 그중 일부를 ㅈ ㄱ 합니다. 적은 금액이라도 ㅅ ㄱ 을 들이는 것이 중요합니다.

→ 용돈을 쓰고 나면 ㅇ ㄷ ㄱ ㅇ ㅈ 에 바로 기록합니다. 그래야 어디에, 얼마를 썼는지 ㄱ ㅇ 할 수 있습니다.

공부한 날   월   일

2 오늘 하루 용돈을 어떻게 썼는지 정리하고, 절약할 수 있는 방법을 써 보세요.

용돈 사용 내용	사용한 금액

3 다음 질문에 자신의 생각을 담아 한 문장으로 답해 보세요.

❶ 용돈을 한꺼번에 써 버리면 어떤 일이 생길까요?

❷ 용돈을 계획적으로 쓰면 좋은 점은 무엇인가요?

❸ 용돈을 알뜰하게 사용할 나만의 규칙을 만들어 보세요.

4 '기분에 따라 물건을 사는 습관'에 대해 생각하고, 주장과 근거가 있는 짧은 글을 써 보세요.

주장하는 글쓰기

10일

공공질서를 잘 지켜야 합니다

여러 사람이 사용하는 공공장소에서 다른 사람에게 피해를 주는 행동을 하는 사람을 본 적이 있나요? 사람들이 공공질서를 지키지 않는 까닭과 그로 인한 문제점을 생각하여 공공질서에 대한 주장하는 글쓰기를 해 봅시다.

1 다음 그림을 보고 잘못된 행동에 대해 빈칸에 들어갈 알맞은 낱말을 써 보세요.

→ | ㅇ | ㅎ | ㄱ | 에서 영화를 보는데 다른 사람의 | ㅎ | ㄷ | ㅈ | ㅎ | 벨소리가 시끄럽게 울렸습니다.

→ | ㄱ | ㅇ | ㅈ | 의 주인이 산책 후 | ㅂ | ㅂ | 을 치우지 않아서 밟고 말았습니다.

→ 사람들이 걸어다니는 | ㅇ | ㄷ | 에 자동차를 | ㅈ | ㅊ | 하여 지나가기가 불편했습니다.

2 사람들이 공공장소에서 질서를 잘 지키지 않는 까닭은 무엇인지 빈칸에 들어갈 알맞은 낱말을 찾아 써 보세요.

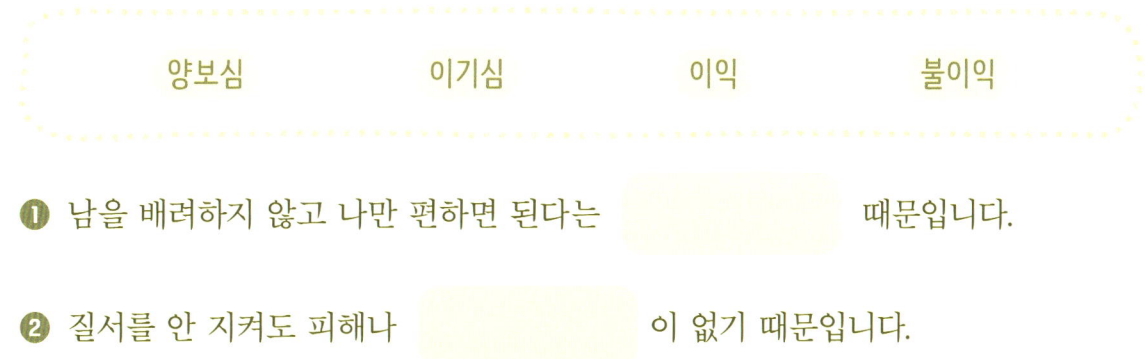

❶ 남을 배려하지 않고 나만 편하면 된다는 　　　　　 때문입니다.

❷ 질서를 안 지켜도 피해나 　　　　　 이 없기 때문입니다.

3 공공질서를 지키기 위해 해야 할 일을 떠올려 생각 그물에 써 보세요.

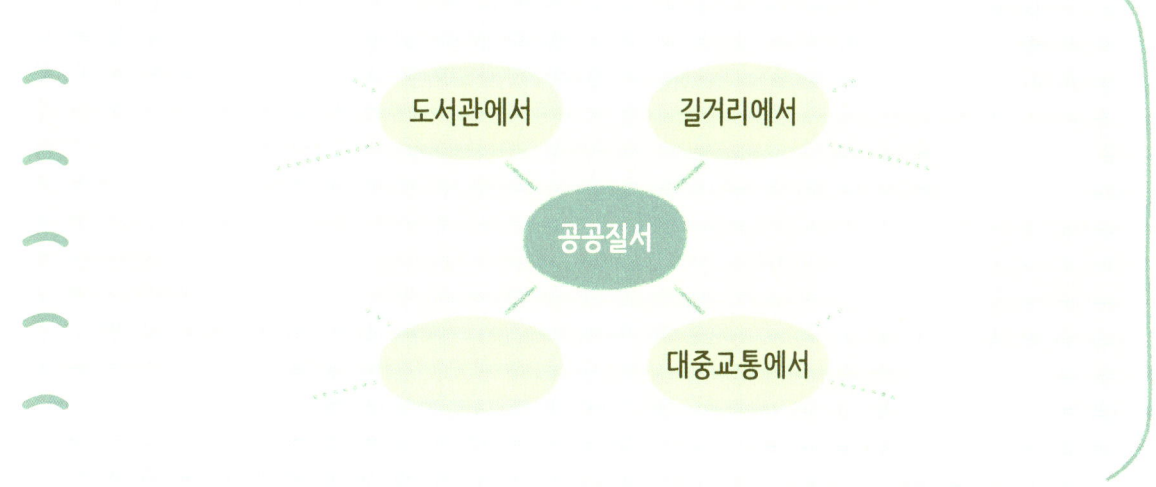

4 '놀이공원에서 줄을 서야 하는 이유'에 대한 주장과 근거가 있는 짧은 글을 써 보세요.

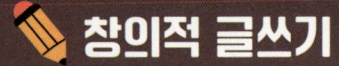# 창의적 글쓰기

⭐ 로봇 친구가 한 명씩 배정되어 학교생활을 돕는다면 어떨까요? 로봇 친구가 필요한지, 아니면 사람 친구가 더 좋은지 생각해 보고 주장하는 글을 자유롭게 써 보세요.

지식 더하기

기행문이란?

여행을 하면서 보고, 듣고, 겪은 일과 글쓴이의 생각이나 느낌을 시간 순서에 따라 쓴 글입니다.

1 기행문의 특징

- ☑ 여행에서의 체험을 씁니다.
- ☑ 글을 쓰는 일정한 형식이 없습니다.
- ☑ 보통은 여행의 시간적, 공간적 변화에 따라 씁니다.
- ☑ 보고 들은 것이 사실대로 드러나 있습니다.

2 기행문의 요소

- ☑ **여정**: 언제, 어디서, 어디를 거쳐 여행했다는 내용
- ☑ **견문**: 여행지에서 보고, 듣고, 경험한 내용
- ☑ **감상**: 보고, 듣고, 경험한 사실에 대한 글쓴이의 생각과 느낌

3 기행문을 읽는 방법

- ☑ 글쓴이의 여정을 생각하며 순서대로 읽습니다.
- ☑ 계절과 장소의 풍경을 상상하며 읽습니다.
- ☑ 글쓴이의 견문에 대해서 어떤 생각과 느낌이 들었는지 알아봅니다.
- ☑ 그 지역의 특색에 대해 알게 된 점을 정리해 봅니다.

3장

제안하는 글쓰기

　제안하는 글은 다른 사람의 생각이나 행동을 더 좋은 쪽으로 바꾸기 위해 내 생각을 담아 쓰는 글입니다. 이 글에는 문제 상황, 제안하는 내용, 그리고 제안하는 까닭이 드러나 있어야 합니다. 제안하는 글을 쓰면 문제를 해결할 좋은 방법을 다른 사람에게 알릴 수 있습니다.
　제안하는 글을 쓸 때는 먼저 문제 상황을 정확히 살펴봅니다. 그 다음, 문제를 해결할 수 있는 방법을 정하고, 왜 이런 제안을 했는지, 제안을 통해 무엇이 더 좋아지는지를 분명히 써야 합니다.
　제안하는 글의 특징을 익히고 활용하여 논리적인 글을 써 봅시다.

01일 선생님께 인사를 잘 합시다

아침마다 학교에 가면 선생님을 만나요. 선생님께 밝은 표정으로 인사를 드리면 하루를 기분 좋게 시작할 수 있어요. 예절을 잘 지키면 학교생활이 더욱 즐거워져요. 학교에서 지켜야 할 예절을 생각하며 제안하는 글쓰기를 해 봅시다.

1 그림과 어울리는 문장을 찾아 선으로 연결하고, 각 상황에 알맞는 예절에 대해 써 보세요.

급식실에서는

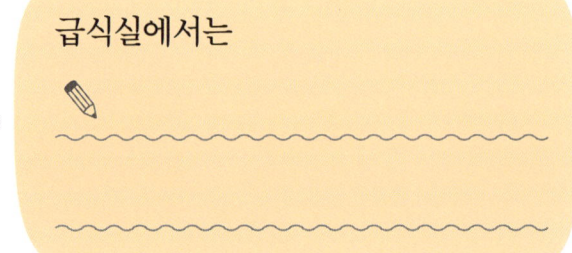

선생님이나 어른을 만나면

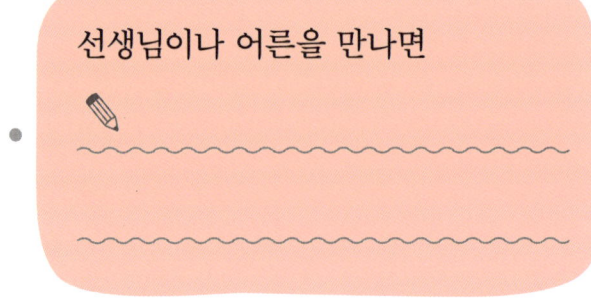

복도나 계단에서는

2 빈칸에 들어갈 알맞은 낱말을 찾아 문장을 완성해 보세요.

> 깨끗이   반납   불편   물   대출

❶ 도서관에서 대여한 책은 날짜에 맞춰 _____ 해야 합니다. 책을 늦게 반납하면, 그 책을 기다리는 다른 친구들에게 _____ 을 줍니다.

❷ 화장실을 사용한 후에는 반드시 _____ 을 내립니다. 다음 사람을 위해 항상 _____ 사용해야 합니다.

3 다음 문제 상황을 해결하기 위한 제안하는 문장을 써 보세요.

❶ 수업이 시작되었는데도 계속 장난을 치는 친구들이 있습니다.

_____

❷ 숙제를 해 오지 않거나 학교에서 하는 친구들이 있습니다.

_____

4 다음 낱말을 모두 사용하여 제안하는 내용과 그 까닭을 짧은 글로 써 보세요.

> 등교 시간
>
> 습관
>
> 지각

02일 음식물 쓰레기를 줄입시다

매일 밥을 먹다 보면 음식물 쓰레기가 생겨요. 먹다 남긴 음식이 많아지면 환경을 더럽히고 자원을 낭비하게 되지요. 음식물 쓰레기 문제를 이해하고 해결할 수 있는 방법에 대해 제안하는 글쓰기를 해 봅시다.

1 음식물 쓰레기를 줄이는 방법으로 빈칸에 들어갈 알맞은 낱말을 찾아 써 보세요.

> 덜어서   필요한   버리지 않고

→ 음식 재료를 살 때 품목을 미리 정하고 꼭 _____ 만큼만 삽니다.

→ 남은 음식을 잘 보관해 _____ 모두 먹을 수 있게 합니다.

→ 밥을 먹을 때 자기가 먹을 만큼만 _____ 먹습니다.

2 음식물 쓰레기가 발생하는 원인을 생각하며 빈칸에 들어갈 알맞은 낱말을 써 보세요.

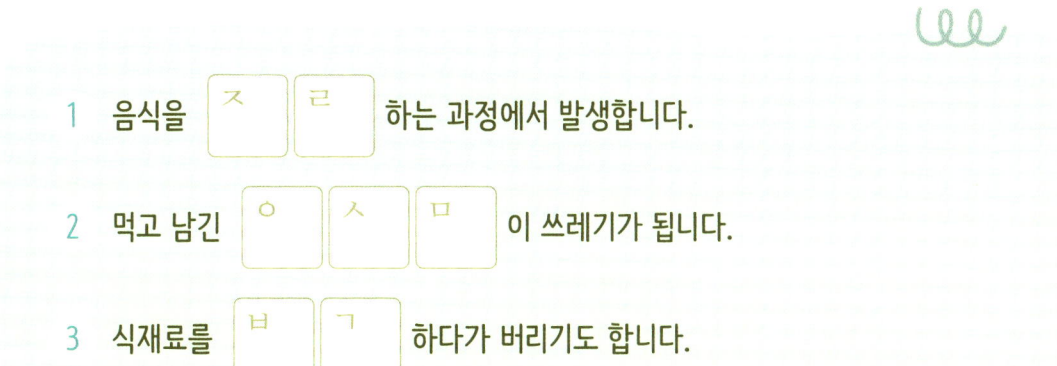

1. 음식을 ㅈ ㄹ 하는 과정에서 발생합니다.
2. 먹고 남긴 ㅇ ㅅ ㅁ 이 쓰레기가 됩니다.
3. 식재료를 ㅂ ㄱ 하다가 버리기도 합니다.

3 다음 빈칸에 들어갈 알맞은 낱말을 찾아 써 보세요.

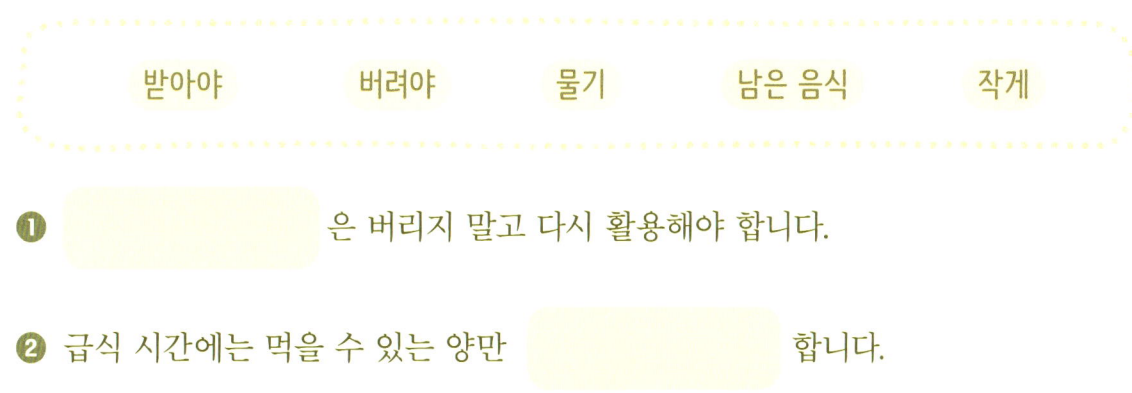

받아야   버려야   물기   남은 음식   작게

❶ _____ 은 버리지 말고 다시 활용해야 합니다.

❷ 급식 시간에는 먹을 수 있는 양만 _____ 합니다.

4 '학교 급식이 많이 버려지고 있는 문제'에 대해 생각해 보고, 제안하는 내용과 까닭이 나타나는 짧은 글을 써 보세요.

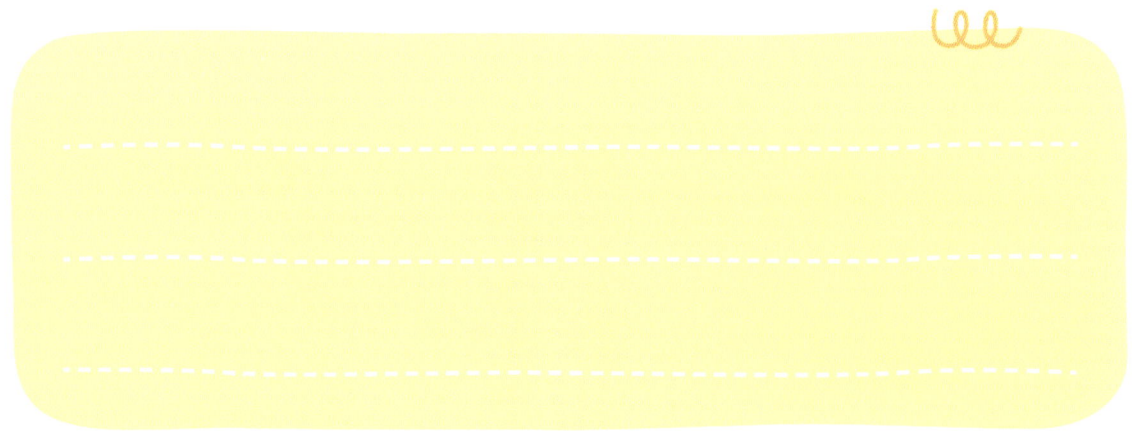

제안하는 글쓰기

03일 우리 명절을 소중히 지킵시다

우리 조상들은 계절에 따라 좋은 날을 선택해서 여러 가지 행사를 했는데, 그것이 시간이 지나며 명절이 되었어요. 하지만 오늘날 점점 명절의 의미를 잃어 가고 있어요. 우리 명절을 알아가며 제안하는 글쓰기를 해 봅시다.

1 다음 그림의 음식과 관련된 명절을 찾아 선으로 연결해 보세요.

정월 대보름 (음력 1월 15일)
새해 첫 보름달이 뜨는 날로, 한 해의 건강과 풍요를 기원합니다.

추석 (음력 8월 15일)
'한가위'라고도 부르며 한 해의 농사를 마무리하고, 이듬해의 풍년을 기리는 날입니다.

설날 (음력 1월 1일)
새해 첫 시작을 알리는 날로, 새로운 목표와 다짐을 세워 한 해를 준비합니다.

2 단오와 한식의 의미와 풍습에 대해 빈칸에 들어갈 알맞은 낱말을 찾아 써 보세요.

> 모내기   무덤   성묘하기   그네뛰기

❶ 한식은 우리 조상님의 _____ 을 돌보며 자손으로서의 도리를 하는 날입니다. _____, 찬 음식 먹기 등의 풍습이 있습니다.

❷ 단오는 _____ 를 끝내고 풍년을 기원하는 날입니다. 창포물에 머리 감기, 씨름하기, _____ 등의 풍습이 있습니다.

3 우리 명절을 소중히 지켜 나가야 하는 이유를 써 보세요.

4 명절을 소중히 지키기 위해 무엇을 하면 좋을지 생각해 보고, 제안하는 내용과 까닭이 나타나는 짧은 글을 써 보세요.

제안하는 글쓰기

물을 아껴 씁시다

매일 사용하는 물은 끝없이 나오는 것 같지만, 사실은 한정된 자원이에요. 물을 함부로 쓰면 깨끗한 물이 점점 줄어들어 생명이 살아가기 힘든 환경이 될 거예요. 물을 아껴 쓰는 방법을 제안하는 글쓰기를 해 봅시다.

1 다음 그림을 보고 우리 생활 속에서 물을 어떻게 사용하는지 알맞은 내용을 찾아 선으로 연결해 보세요.

수력 발전
물의 힘을 이용하여 에너지를 만듭니다.

생활용수
목욕, 세탁, 청소, 설거지 등 생활하는 데 사용합니다.

농업용수
논이나 밭에서 자라는 농작물을 키우기 위해 사용합니다.

2 물이 점점 부족해지는 원인을 생각하며 빈칸에 들어갈 알맞은 낱말을 찾아 써 보세요.

> 수질 오염   인구 증가   산업화   기상 이변

❶ _____ 와 _____ 로 물의 사용량이 늘어났습니다.

❷ _____ 으로 인해 사용할 수 있는 물이 줄어들었습니다.

❸ _____ 현상으로 극심한 가뭄이 생기는 곳도 있습니다.

3 일상생활에서 물을 아낄 수 있는 방법을 써 보세요.

❶ 양치질을 할 때는 컵에 물을 받아서 사용합니다.

❷ ✎ _____

❸ ✎ _____

4 물을 아껴 쓰면 어떤 좋은 변화가 생길지 생각하고, 제안하는 내용과 까닭이 나타나는 짧은 글을 써 보세요.

제안하는 글쓰기

05일 공정한 선거를 합시다

선거는 국민이 정치에 참여하는 가장 기본적인 방법이에요. 국민의 선거를 통해 자신의 권리를 행사해요. 그래서 선거를 '민주주의의 꽃'이라고 하지요. 공정한 선거의 의미를 생각하여 제안하는 글쓰기를 해 봅시다.

1 그림을 보고 빈칸에 들어갈 '민주주의 선거의 4대 원칙'을 써 보세요.

- ㅂ ㅌ 선거
→ 사회적 신분이나 종교, 성별에 제한 없이 일정한 연령이 되면 누구나 투표할 수 있습니다.

- ㅍ ㄷ 선거
→ 개인의 지위나 경제적인 위치와 관계없이 모두가 한 표씩 대등한 가치로 투표를 합니다.

- ㅈ ㅈ 선거
→ 투표소에 직접 가서 투표를 합니다. 다른 사람이 대신 투표할 수 없습니다.

- ㅂ ㅁ 선거
→ 누구에게 투표를 하였는지 다른 사람이 알지 못하도록 비밀이 보장됩니다.

2 다음 설명이 '민주주의 선거의 4대 원칙' 중 무엇에 어긋나는지 써 보세요.

❶ 아내 대신 남편이 투표를 했습니다. →

❷ 재산이 많은 사람에게는 투표권을 많이 주었습니다. →

❸ 옛날에는 여자와 신분이 낮은 사람은 투표권이 없었습니다. →

❹ 투표를 마치고 나온 사람에게 누구를 뽑았는지 물어보았습니다. →

3 다음 내용이 '민주주의 선거의 4대 원칙' 중 무엇과 관련이 있는지 쓰고, 올바른 선거를 제안하는 내용을 써 보세요.

> 친구에게 반장 선거에서 누구를 뽑았는지 묻지 않습니다.
> 모둠장을 뽑을 때 종이나 스티커를 사용해 몰래 투표합니다.

4 어떤 사람이 우리 반의 반장이 되면 좋을지 생각하고, 제안하는 내용과 까닭이 나타나는 짧은 글을 써 보세요.

제안하는 글쓰기

문화유산을 보호합시다

인간의 문명이 발달하면서 만들어 낸 다양한 문화유산이 지금까지 전해져 내려오고 있어요. 문화유산의 가치와 그것을 보존해야 하는 이유를 생각하여 문화유산 보호를 제안하는 글쓰기를 해 봅시다.

1. 그림을 보고 빈칸에 들어갈 알맞은 낱말을 찾아 써 보세요.

   인간문화재   유형 유산   무형 유산

- ☐
  → 형체가 없는 국가 유산으로, 민족의 역사와 사상을 알 수 있는 노래와 춤, 연극, 무용 등이 있습니다.

- ☐
  → 건축물, 그림, 조각, 공예품 등 일정한 형태를 갖춘 것으로, 역사적·예술적으로 가치가 높은 것을 말합니다.

- ☐
  → 연극, 음악, 무용, 공예 기술 등 국가 무형 유산으로 지정된 기술의 소지자로서 인정을 받은 사람을 말합니다.

2 다음은 유네스코에 세계 문화유산으로 등재된 우리나라의 문화유산입니다. 빈칸에 들어갈 알맞은 낱말을 써 보세요.

3 다음 기사를 보고 우리 문화유산이 훼손된 까닭과 이를 방지하기 위한 제안을 써 보세요.

> 2008년에 숭례문이 불에 타서 심각하게 훼손되었다.
> 한 남성의 돌발 행동으로 인해 소중한 우리의 문화유산이 잿더미가 되어 버렸다.

❶ 까닭 _____

❷ 제안 _____

4 문화유산을 잘 보존하기 위한 방법을 생각해 보고, 제안하는 내용과 까닭이 나타나는 짧은 글을 써 보세요.

제안하는 글쓰기

07일 독도를 아끼고 사랑합시다

독도는 경상북도 울릉군에 속하는 섬으로, 섬 전체가 천연기념물로 지정될 정도로 아름다운 우리나라의 영토예요. 하지만 일본은 호시탐탐 독도를 탐내고 있어요. 독도를 아끼고 지키기 위한 방법을 생각하며 제안하는 글쓰기를 해 봅시다.

1 독도의 이름이 어떻게 바뀌었는지 빈칸에 들어갈 알맞은 낱말을 써 보세요.

→ ㅇ ㅅ ㄷ (1454년)

'우산'은 울릉도에 있었던 고대 소국인 우산국에서 비롯되었습니다.

→ ㅅ ㄷ (1900년)

섬 자체가 바위로 되어 있다는 뜻입니다. 89개의 작은 바위섬들로 이루어져 있습니다.

→ ㄷ ㄷ (1906년)

'독도'는 울릉도로 이주한 사람들이 돌섬을 독섬으로 발음한 것을 한자로 표기한 것입니다.

2 다음 빈칸에 들어갈 알맞은 낱말을 찾아 써 보세요.

> 화산섬　　　　해상 교통　　　　황금 어장

❶ 북쪽의 차가운 한류와 남쪽의 따뜻한 난류가 만나는 곳입니다. 플랑크톤이 풍성하여 _____ 을 이룹니다.

❷ 화산 활동으로 생긴 _____ 입니다. 해저 화산의 형성과 진화에 대해 연구할 수 있습니다.

❸ 동해는 러시아나 중국, 일본 등이 연결되어 있기 때문에 _____ 의 중심입니다.

3 독도에는 우리나라의 소중한 영토를 지키는 독도경비대가 있습니다. 독도경비대원이 하는 일을 알아보고, 내가 독도경비대원이 된다면 어떤 일을 하고 싶은지 써 보세요.

4 독도를 지키기 위해 우리가 할 수 있는 일이 무엇인지 생각해 보고, 제안하는 내용과 까닭이 나타나는 짧은 글을 써 보세요.

08일 지구의 온도를 낮춥시다

지구 온난화는 탄산 가스 등 온실 가스에 의해 지구의 평균 온도가 올라가는 현상을 말해요. 지구 온난화의 원인과 피해가 무엇인지 알아보고, 문제를 해결할 수 있는 방법을 생각하여 제안하는 글쓰기를 해 봅시다.

1 다음은 지구 온난화로 인한 환경오염에 대한 설명입니다. 빈칸에 들어갈 알맞은 낱말을 써 보세요.

-  오염
→ 공기 안에 오염 물질이 섞이는 것입니다. 공장의 연기, 자동차의 매연, 쓰레기를 태울 때 나는 연기 등이 원인입니다.

-  오염
→ 더러운 물이 호수, 강, 해양, 지하수 등에 섞이며 수질이 오염되는 것입니다. 공장의 폐수나 생활하수 등이 원인입니다.

-  오염
→ 아무 데나 버린 쓰레기와 농약이나 화학 비료 사용이 원인입니다. 땅이 오염되면 식물이 오염되거나 잘 자라지 못합니다.

2 다음 빈칸에 들어갈 알맞은 낱말을 찾아 써 보세요.

> 기상 이변　　　이상 기후　　　엘니뇨

① ☐ → 기온, 강수량 등이 평소와 다르게 아주 높거나 낮은 수치를 나타내는 정상적이지 않은 상태를 말합니다.

② ☐ → 동태평양의 해수면 온도가 평년보다 높은 상태로 수개월 이상 지속되는 현상을 말합니다.

③ ☐ → 보통 지난 30년간의 기상과 크게 차이가 나는 기상 현상을 말합니다.

3 지구의 평균 온도가 올라가는 원인을 한 가지 들고, 그 해결책을 제시해 보세요.

원인 ✎ _____

해결책 ✎ _____

4 우리가 지구를 지키기 위해 할 수 있는 일을 생각하고, 제안하는 내용과 까닭이 나타나는 짧은 글을 써 보세요.

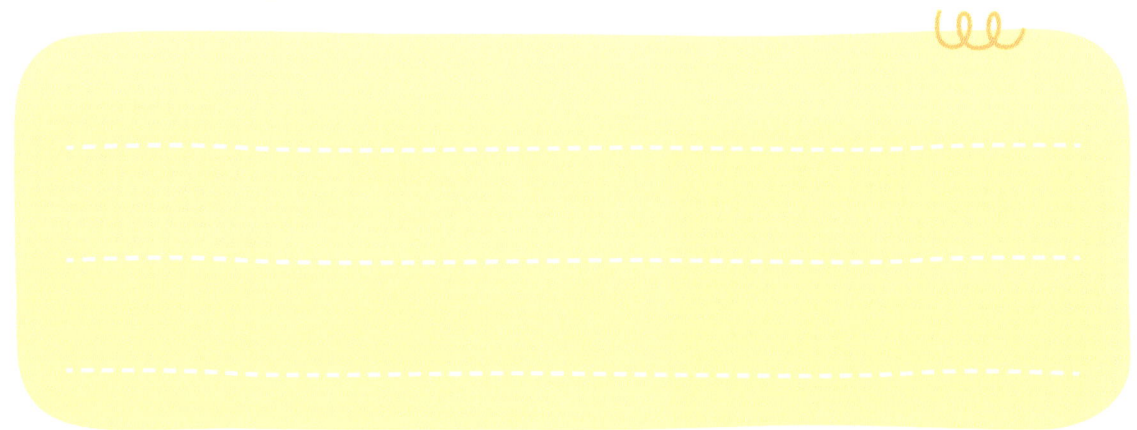

제안하는 글쓰기

09일 생태계를 보호합시다

지구에는 다양한 동식물이 서로 어울려 살아가요. 하지만 사람들이 무분별하게 자연을 훼손한 탓에 생태계가 점점 무너지고 있어요. 생태계를 보호해야 하는 이유와 우리가 실천할 수 있는 방법을 생각하며 제안하는 글을 써 봅시다.

1 다음 생태계의 구조를 알아보고 빈칸에 들어갈 알맞은 낱말을 찾아 써 보세요.

분해자   생산자   소비자

→ 살아가는 데 필요한 양분을 스스로 생산하는 풀이나 나무, 꽃 등의 식물입니다.

→ 스스로 양분을 만들지 못하고 다른 생물을 먹이로 소비하여 살아가는 동물입니다.

→ 죽은 생물을 분해하여 다른 생물이 이용할 수 있게 하는 생물입니다.

2 다음은 생태계의 먹이 그물입니다. 다음 동식물 중 한 가지라도 사라지면 어떤 문제가 일어날지 써 보세요.

3 다음 문장의 빈칸에 들어갈 수 있는 알맞은 낱말을 생각하여 써 보세요.

사람들이 _____ 을(를) 아무 데나 버리면 바다 생물이 다칠 수 있어요.

4 생태계를 보호하기 위한 방법을 생각해 보고, 제안하는 내용과 까닭이 나타나는 짧은 글을 써 보세요.

제안하는 글쓰기

10일 전쟁을 멈추고 평화를 지킵시다

전쟁은 나라 간에 큰 다툼이 벌어지는 것을 말해요. 지금도 세계 곳곳에서는 전쟁이 벌어지고 있어요. 전쟁으로 도시가 파괴되고 많은 사람이 다치거나 죽기도 해요. 전쟁을 막기 위한 제안하는 글쓰기를 해 봅시다.

1 다음 그림을 보고 머릿속에 떠오르는 낱말을 모두 써 보세요.

2 세계 곳곳에서 전쟁이 일어나는 이유를 써 보세요.

3 다음 낱말을 활용하여 전쟁이 우리에게 주는 피해에 대해 써 보세요.

❶ 생명

❷ 도시 파괴

❸ 문화유산

4 전쟁을 막을 수 있는 방법을 생각하고, 제안하는 내용과 까닭이 나타나는 짧은 글을 써 보세요.

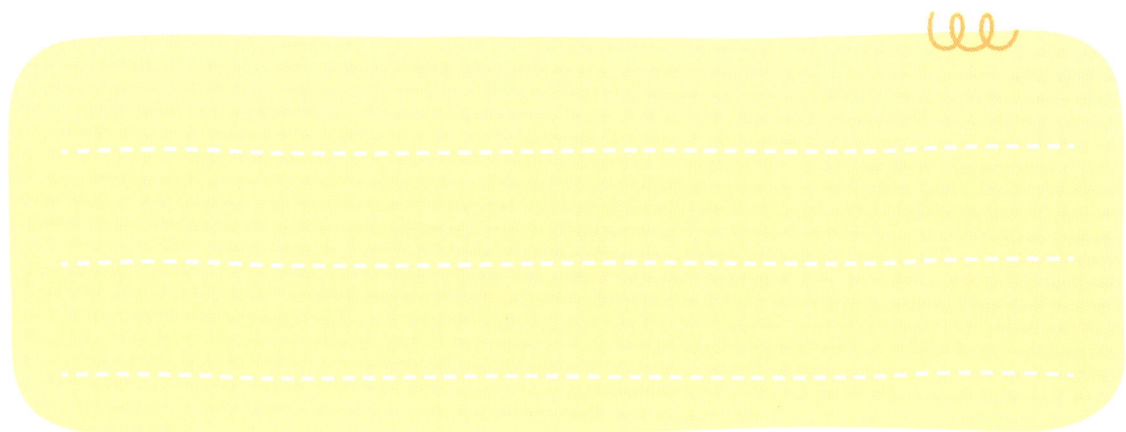

제안하는 글쓰기

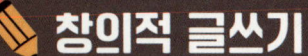

창의적 글쓰기

★ 지구 온난화를 막지 못한 미래의 모습과 지구 온난화를 막기 위해 노력한 미래를 상상해 보세요. 자신이 만들고 싶은 미래는 어느 쪽인지 생각하고, 제안하는 글을 써 보세요.

지식 더하기

논설문이란?

글쓴이가 읽는 사람을 설득할 목적으로 자신의 생각을 이치에 맞게 쓴 논리적인 글입니다.

1 논설문의 특징

- ☑ 새로운 발견과 주장이 담겨 있어야 합니다.
- ☑ 주장에 대한 타당한 근거를 제시해야 합니다.
- ☑ 순서에 맞게 체계적으로 제시하여 읽는 사람을 설득해야 합니다.
- ☑ 주장과 근거가 통일성이 있어야 하고, 표현은 명확해야 합니다.

2 논설문의 구성

- ☑ **서론:** 글을 쓰게 된 동기나 목적, 글에서 다룰 문제를 제시합니다.
- ☑ **본론:** 서론에서 제시한 문제에 대해 자신의 주장이나 의견을 내세웁니다. 다양한 근거를 제시하여 주장이 옳다는 것을 객관적으로 증명합니다.
- ☑ **결론:** 본론에서 주장한 내용을 요약, 정리하여 앞으로의 전망이나 당부 등의 내용을 덧붙이며 마무리합니다.

3 논설문을 읽는 방법

- ☑ 객관적 사실과 주관적 의견을 구분합니다.
- ☑ 지시어, 접속어의 기능을 파악하여 논리 전개 과정을 확인합니다.
- ☑ 글쓴이가 제시한 주장과 근거가 인정할 만한 것인지 자신의 의견과 비교해 봅니다.
- ☑ 내용의 타당성과 표현의 적절성을 판단합니다.

4장 토의&토론하는 글쓰기

    토의는 공동으로 해결해야 할 문제에 대해 가장 좋은 해결 방법을 찾는 활동입니다. 토의를 하면 여러 사람의 다양한 의견을 모아 문제를 더 잘 해결할 수 있습니다. 토론은 어떤 문제에 대해 찬성과 반대 편으로 나누어 자신의 생각을 말하고 의견을 나누는 것입니다. 토론하는 글은 논제에 대한 자신의 주장과 근거를 밝히고, 상대방의 주장에 반론을 제시한 뒤, 다시 한번 자신의 주장을 정리합니다.
    토의와 토론은 의사소통 능력과 비판적 사고력을 키우는 데 큰 도움이 됩니다. 토의와 토론을 위한 글을 논리적으로 표현해 봅시다.

01일 모든 것을 다수결로 결정할 수 있을까요?

다수결은 여러 사람의 의견에 따라 집단의 뜻을 결정하는 것을 말해요.
하지만 개인의 의사나 인권에 대한 문제는 다수결로 정할 수 없어요.
다수결의 원칙을 생각하며 글쓰기를 해 봅시다.

1 다수결로 결정할 수 있는 문제는 ○, 그렇지 않은 문제는 X 표시를 해 보세요.

→ 선거를 통해 학급 회장과 부회장을 결정합니다.

→ 학교에서 마음에 들지 않는 친구를 따돌려도 되는지 결정합니다.

→ 가족회의를 통해 여름휴가를 어디로 갈지 결정합니다.

2 다수결로 결정할 때 주의할 점을 생각하여 빈칸에 알맞은 낱말을 찾아 써 보세요.

> 소수   토론   대화   존중

❶ 충분한 ㄷㅎ 와 ㅌㄹ

→ 숫자가 많은 쪽이 항상 옳다고만 생각하면, 다수결이 소수의 생각을 무시하는 일이 될 수도 있습니다.

❷ ㅅㅅ 의 의견에 대한 ㅈㅈ

→ 다수의 생각이 꼭 옳은 것은 아니므로 다양한 사람들의 생각을 존중해야 합니다.

3 다수결 원칙의 좋은 점과 나쁜 점에 대해서 한 가지씩 써 보세요.

❶ 좋은 점

❷ 나쁜 점

4 다수결은 편리하지만 모두에게 좋은 결과가 되지는 않습니다. 다수결의 원칙을 따르기에 적합하지 않을 때는 언제인지 생각해 보고, 짧은 글을 써 보세요.

02일

남녀의 역할이 정해져 있을까요?

흔히 남자와 여자가 해야 할 일이 따로 정해져 있다고 생각하기 쉬워요.
하지만 누구나 자신의 꿈과 능력에 따라 어떤 일이든 할 수 있어요.
이제 남녀의 역할에 대한 고정관념을 뛰어넘어 자유롭게 글쓰기를 해 봅시다.

1 다음 그림을 보고 물음에 답해 보세요.

(가)    (나)

❶ 그림 (가)는 어떤 모습인가요?

❷ 그림 (나)는 어떤 모습인가요?

❸ 그림 (가)와 (나)를 보고 남녀의 역할에 대한 자신의 생각을 써 보세요.

2 남성과 여성을 생각하면 떠오르는 직업을 찾아본 뒤 질문에 답해 보세요.

남성을 생각하면 떠오르는 직업	여성을 생각하면 떠오르는 직업

→ 이런 고정관념이 생긴 이유는 무엇일까요?

3 다음 설명을 보고 빈칸에 들어갈 알맞은 낱말을 찾아 써 보세요.

성차별   성역할

❶ [　　　] → 성별에 따라 사회적으로 적합하다고 여겨지는 특성

❷ [　　　] → 남성과 여성을 단지 성별에 따라 다르게 대하는 것

4 남자와 여자에 대해 잘못 알고 있는 고정관념에는 어떤 것이 있는지, 왜 그런 생각이 바뀌어야 하는지 짧은 글로 써 보세요.

03일 자유와 평등 중 무엇이 먼저일까요?

자유와 평등은 민주주의의 가장 중요한 이념이에요. 자유와 평등은 상호 보완적인 관계에 있으므로, 바람직한 국가는 자유와 평등이 조화롭게 어우러져야 해요. 자유와 평등의 의미를 생각하여 글쓰기를 해 봅시다.

1 그림을 보고 빈칸에 들어갈 알맞은 낱말을 써 보세요.

→ 인간으로서 당연히 가지는 기본적인 권리로, 사람이 사람답게 살 수 있는 권리입니다.

→ 개인이 하고 싶은 일을 외부의 간섭 없이 자기의 뜻에 따라 결정하는 것입니다.

→ 자신의 재능과 희망에 따라 능력을 발휘할 수 있는 기회를 균등하게 주는 것입니다.

2 빈칸에 들어갈 알맞은 낱말을 찾아 써 보세요.

> 기회의 평등   조건의 평등   결과의 평등

❶ ⬜⬜⬜ → 모두가 공정한 환경과 조건에서 경쟁하거나 노력할 수 있게 해 주는 것입니다.

❷ ⬜⬜⬜ → 노력한 뒤 얻는 결과가 사람마다 크게 차이나지 않도록 조정해 주는 것을 말합니다.

❸ ⬜⬜⬜ → 누구에게나 원하는 것에 도전할 수 있는 기회가 똑같이 주어지는 것입니다.

3 사회에서 개인의 자유를 최대한 보장해 주었을 때 생길 수 있는 좋은 점과 나쁜 점을 각각 써 보세요.

❶ 좋은 점 ✏️ ＿＿＿＿＿＿＿＿＿＿＿＿＿＿＿＿＿＿

❷ 나쁜 점 ✏️ ＿＿＿＿＿＿＿＿＿＿＿＿＿＿＿＿＿＿

4 자유와 평등은 서로 밀접한 관계를 맺고 있지만 충돌하는 경우도 있습니다. 자유와 평등 중 무엇이 더 중요하다고 생각하는지 그 까닭을 들어 짧은 글을 써 보세요.

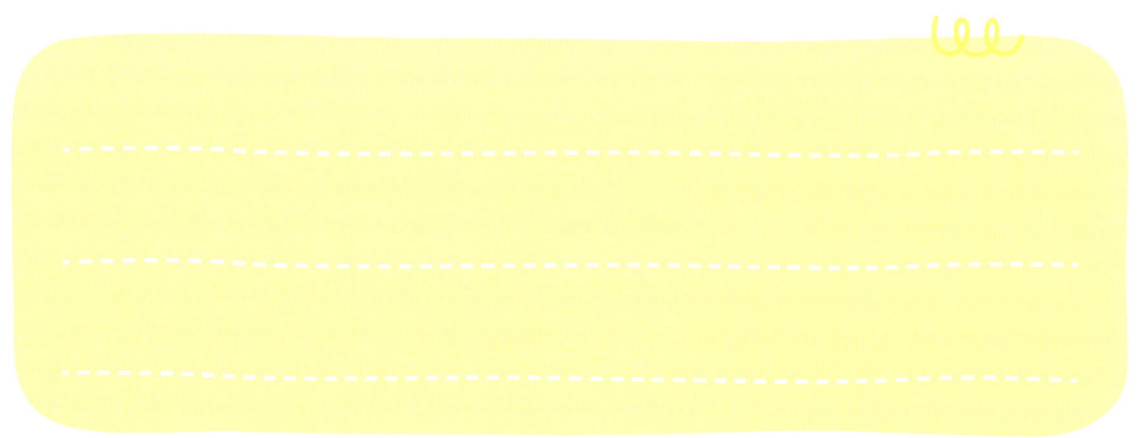

토의 & 토론하는 글쓰기

권리와 의무 중 무엇이 더 중요할까요?

국민이 인간답게 살기 위해 기본적으로 보장되어야 하는 것이 권리이고, 국민이라면 꼭 지켜야 하는 것이 의무예요. 권리와 의무의 종류와 의미를 익히고, 무엇이 더 중요한지 생각하며 글쓰기를 해 봅시다.

1 국민의 권리인 기본권 중 무엇에 대한 설명인지 빈칸에 들어갈 알맞은 낱말을 써 보세요.

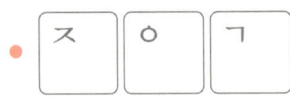 ㅈ ㅇ ㄱ

→ 살고 싶은 곳에서 살 수 있고, 원하는 직업이나 원하는 종교를 가질 수 있는 권리입니다.

 ㅊ ㅈ ㄱ

→ 일정한 나이가 되면 누구나 선거를 하는 등 국민이 정치에 참여할 수 있는 권리입니다.

 ㅅ ㅎ ㄱ

→ 인간다운 삶을 살게 하는 최소한의 권리로, 교육을 받거나 건강한 생활을 누릴 권리입니다.

2 대한민국 국민이 지켜야 할 다섯 가지 의무 중 가장 중요하다고 생각하는 것을 한 가지 골라 그 이유를 써 보세요.

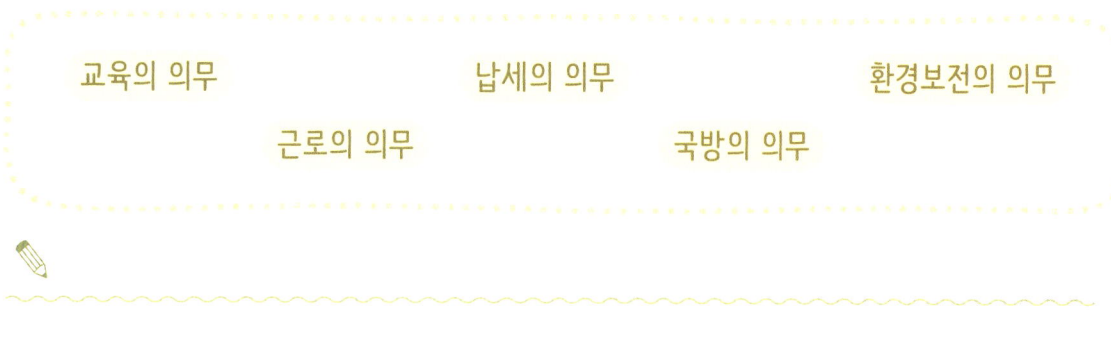

교육의 의무   납세의 의무   환경보전의 의무
근로의 의무   국방의 의무

3 다음 중 '권리'에 해당하는 것과 '의무'에 해당하는 것을 각각 골라 번호를 써 보세요.

❶ 병원에서 치료를 받을 수 있다.
❷ 법을 지킬 책임이 있다.
❸ 깨끗한 환경에서 살 수 있다.
❹ 쓰레기를 정해진 곳에 버린다.
❺ 학교에서 공부할 수 있다.
❻ 교통신호를 지킨다.

 권리에 해당하는 것

 의무에 해당하는 것

4 사회에서는 권리와 의무가 모두 필요합니다. 여러분은 권리와 의무 중에서 무엇이 더 중요하다고 생각하나요? 그 까닭을 들어 짧은 글을 써 보세요.

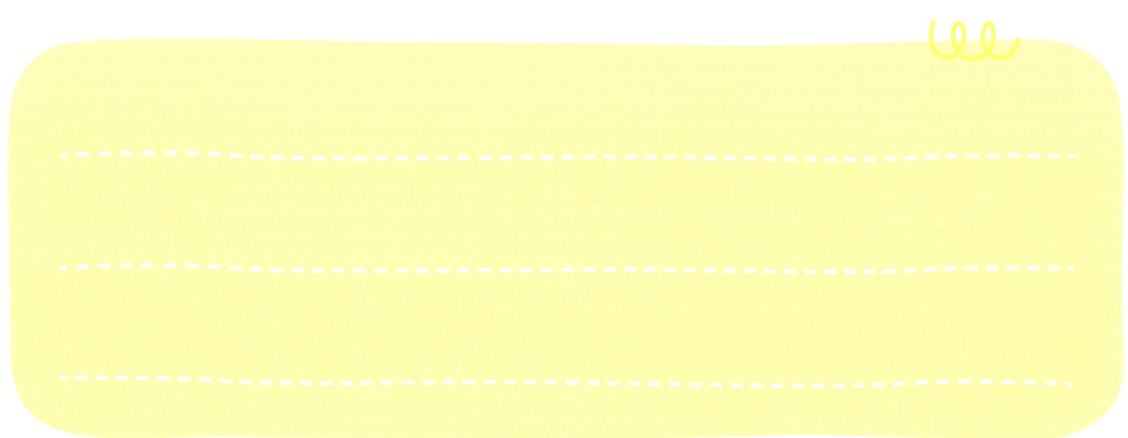

05일 반려동물은 행복할까요?

인간은 아주 오래전부터 동물과 같은 공간에서 생활했어요. 대표적인 반려동물은 개와 고양이예요. 하지만 인간의 생활환경에 적응하며 살아가는 동물들은 행복할까요? 동물의 행복에 대해 생각하며 글쓰기를 해 봅시다.

1 다음 그림을 보고 빈칸에 들어갈 알맞은 낱말을 써 보세요.

❶ 반려동물을 키우는 것이 우리에게 어떤 도움을 줄까요?

→ 정서적으로 ㅇㅈㄱ 을 줍니다.

→ 우울증과 ㅅㅌㄹㅅ 를 예방해 줍니다.

❷ 반려동물을 키우기 위해 갖춰야 할 마음가짐은 무엇인가요?

→ 반려동물을 지키기 위한 ㅊㅇㄱ 이 필요합니다.

→ 생명에 대한 ㅅㅈㅎ 을 기억해야 합니다.

2 다음 글을 읽고 '동물원의 필요성'에 대한 각각의 주장에 어울리는 까닭을 써 보세요.

> 우리나라 동물원 중 많은 동물이 열악한 환경 속에서 살고 있습니다. 그로 인해 동물 학대라는 비판을 받기도 합니다. 하지만 동물원을 유지해야 한다는 사람들의 주장은 다릅니다. 열악한 환경의 동물원은 일부이며, 동물원은 위기에 처한 동물을 환경의 위협으로부터 보호할 수 있다고 이야기합니다.

찬성 동물원은 필요합니다.

반대 동물원은 필요하지 않습니다.

3 길고양이에게 먹이를 주는 사람과 인근 주민들 간에 갈등이 일어나는 경우가 있습니다. 길고양이에게 먹이를 주는 것에 대한 자기 의견과 그렇게 생각하는 까닭을 써 보세요.

06일 어린이에게 다이어트가 필요할까요?

비만으로 고민하는 어린이들이 점점 늘어나고 있어요. 열량이 높은 음식을 많이 먹고, 몸을 충분히 움직이지 않아 건강에 문제가 생기기도 해요. 어린이 다이어트에 대해 자신의 생각이 나타나는 글쓰기를 해 봅시다.

1 그림을 보고 어린이 비만의 원인이 무엇인지 빈칸에 들어갈 알맞은 낱말을 써 보세요.

→ 피자, 치킨, 햄버거처럼 ㅇㄹ 이 높은 음식을 많이 먹습니다.

→ 스마트폰이나 컴퓨터 등 앉아서 하는 활동이 많아지며 ㅇㄷㄹ 이 ㅂㅈ 합니다.

→ 늦게까지 ㅈ 을 자지 않으면, ㅅㅈ 호르몬이 충분히 나오지 않습니다.

2 비만을 예방할 방법을 생각해 보고, 주어진 낱말을 활용해 문장을 완성해 보세요.

❶ 편식

❷ 운동

3 다음 어린이 다이어트에 대한 두 친구의 의견을 보고 물음에 답해 보세요.

> **민수** 요즘 어린이들은 패스트푸드를 자주 먹고, 운동을 거의 하지 않아요. 그래서 몸무게가 늘어나고 건강에 문제가 생길 수 있어요. 어린이도 건강을 위해 다이어트가 필요해요.
>
> **수지** 어린이는 아직 자라는 중이에요. 무리한 다이어트는 성장에 해롭고, 음식도 골고루 먹어야 해요. 운동만으로도 건강하게 지낼 수 있어요.

❶ 민수의 주장은 무엇인가요?

❷ 수지가 말한 근거는 무엇인가요?

4 어린이들이 다이어트를 하는 것에 대해 찬성 또는 반대의 의견을 밝히고 그렇게 생각하는 까닭을 써 보세요.

• 나는 어린이 다이어트에 찬성 / 반대 합니다.

07일 인공지능 로봇의 장단점은 무엇일까요?

기존의 로봇이 정해진 명령대로만 움직였다면, 인공지능 로봇은 센서를 통해 외부 환경을 인식하여 스스로 상황을 판단하고 자율적으로 움직여요.
인공지능 로봇이 우리 생활에 어떤 영향을 주는지 살펴보며 글쓰기를 해 봅시다.

1 다음 그림을 보고 빈칸에 알맞은 인공지능 로봇의 종류를 써 보세요.

농사 로봇   청소 로봇   배달 로봇   수술 로봇

①

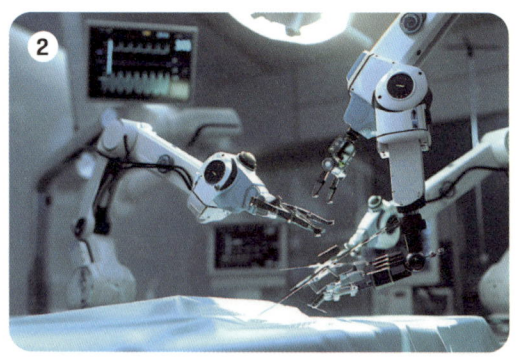

②

③

④

2 인공지능 로봇이 많아지면 사회에 어떤 문제점이 생길까요?

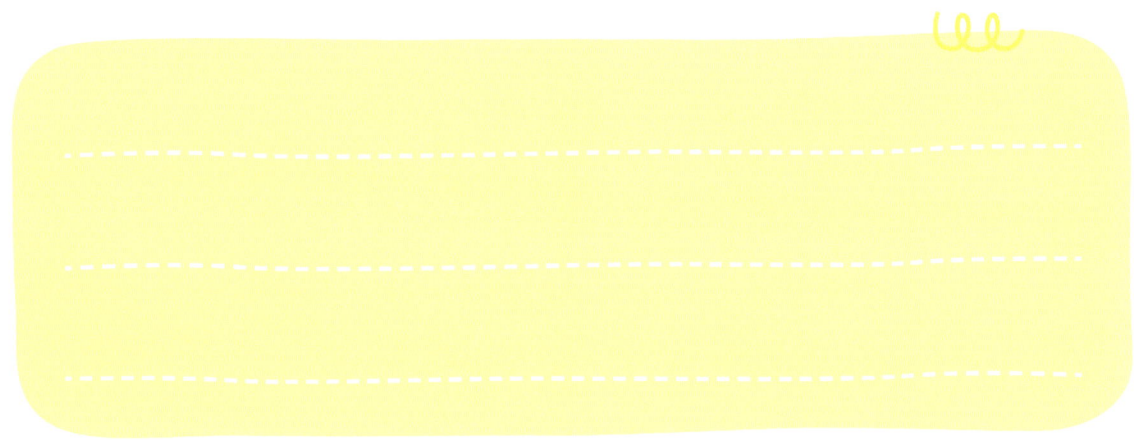

3 인공지능 로봇이 엄마의 역할을 대신한다면 좋은 점과 나쁜 점이 무엇인지 써 보세요.

4 지능을 갖고 인간처럼 스스로 생각하며 감정을 표현할 수 있는 로봇을 만드는 것에 대해 찬성 또는 반대 의견을 밝히고 그렇게 생각하는 까닭을 써 보세요.

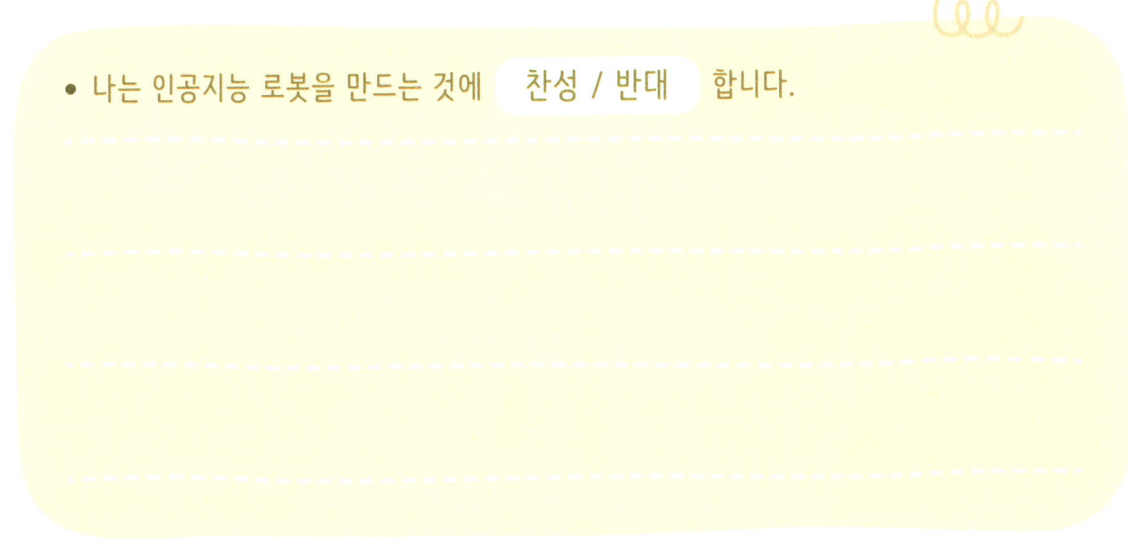

토의 & 토론하는 글쓰기

08일

억지로라도 독서를 해야 할까요?

독서에는 세상을 바꾸는 힘이 있다고 해요. 그래서 때로는 책 읽기가 즐겁지 않아도 억지로라도 책을 읽으려고 해요. 그러나 억지로 하는 독서가 정말 효과가 있을까요? 억지 독서의 장단점을 알아보며 글쓰기를 해 봅시다.

1 독서의 좋은 점을 생각하며 빈칸에 들어갈 알맞은 낱말을 써 보세요.

→ 역사, 사회, 예술, 과학 등 여러 분야의 다양한 책을 읽으며, 폭넓은 ㅂ ㄱ ㅈ ㅅ 을 쌓을 수 있습니다.

→ 책에 나오는 낱말을 익히고 의미를 파악하며 ㅇ ㅎ ㄹ 과 ㅍ ㅎ ㄹ 이 발달합니다.

→ 많은 정보를 접하다 보면 다양한 생각을 하게 되어 ㅊ ㅇ ㄹ 과 ㅅ ㅅ ㄹ 이 향상됩니다.

2 다음은 독서에 관한 명언입니다. 가장 마음에 드는 것을 고른 후 그 까닭이 무엇인지 써 보세요.

> 가 좋은 책을 읽는 것은 과거의 가장 훌륭한 사람들과 대화를 하는 것이다.
> — 프랑스 수학자, 르네 데카르트
>
> 나 가장 싼 값으로 가장 오랫동안 즐거움을 누릴 수 있는 것은 바로 책이다.
> — 프랑스 철학가, 미셸 몽테뉴
>
> 다 하버드 졸업장보다 소중한 것은 독서하는 습관이다.
> — 마이크로소프트 창업자, 빌 게이츠

3 책을 정해 놓고 억지 독서를 했을 때 좋은 점과 나쁜 점을 각각 써 보세요.

❶

❷

4 억지 독서에 대한 찬성 또는 반대 의견을 밝히고, 그렇게 생각하는 까닭을 써 보세요.

• 나는 억지 독서를 하는 것에   찬성 / 반대   합니다.

토의 & 토론하는 글쓰기

부자는 세금을 더 내야 할까요?

나라는 국민이 낸 세금으로 살림을 해요. 누군가는 그런 세금을 부자가 더 많이 내야 한다고 주장하기도 해요. 부자는 정말 더 많은 세금을 내야 할까요? 세금과 복지의 관계를 생각하며 글쓰기를 해 봅시다.

1 다음 그림을 보고 빈칸에 들어갈 알맞은 낱말을 써보세요.

직접세

→ ㅅㄷ 의 일부분을 세금으로 내어 세금을 부담하는 사람이 ㅈㅈ 내는 세금입니다.

→ 개별 소비세, 부가 가치세, 관세, 등록세 등이 있습니다.

간접세

→ ㅁㄱ 을 살 때 비용에 세금이 ㅍㅎ 되어 세금을 내는 사람과 실제로 세금을 부담하는 사람이 ㄷㄹ 세금입니다.

→ 소득세, 재산세, 상속세, 증여세 등이 있습니다.

2 부자에게 세금을 더 걷는 것이 불공평하다고 생각하는 친구는 누구인가요?

- **윤서** 부자도 열심히 일을 해서 돈을 벌었어요.
- **지민** 부자가 돈이 많이 써야 경제가 활발해져요.
- **창환** 가난한 사람은 세금을 하나도 내지 않아야 해요.

→

3 부자에게 세금을 더 걷으면 어떤 문제점이 있을까요? 빈칸에 들어갈 알맞은 낱말을 찾아 써 보세요.

> 돈   세금   적게   많이   집

→ 부자에게   을 많이 걷으면, 부자들은 세금을   낼 수 있는 나라로   을 가지고 떠납니다.

4 부자들이 세금을 더 내는 것에 대한 찬성 또는 반대 의견을 밝히고, 그렇게 생각하는 까닭을 써 보세요.

- 부자들이 세금을 더 내는 것에   찬성 / 반대   합니다.

토의 & 토론하는 글쓰기

동물 실험이 꼭 필요할까요?

새로운 약이나 제품을 만들 때 동물 실험을 하는 경우가 많아요.
사람의 안전을 지키기 위해서라지만, 동물에게 고통을 준다는 걱정도 있어요.
동물 실험의 장단점을 생각하며 글쓰기를 해 봅시다.

1 다음 그래프를 통해 알 수 있는 사실을 바탕으로 문장을 완성해 보세요.

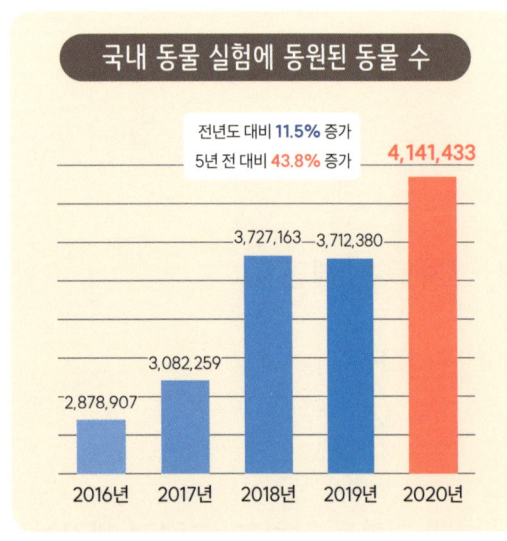

→ 동물 실험에 동원된 동물의 수가 매년 _____

(단위: 마리)
(출처: 농림축산검역본부)

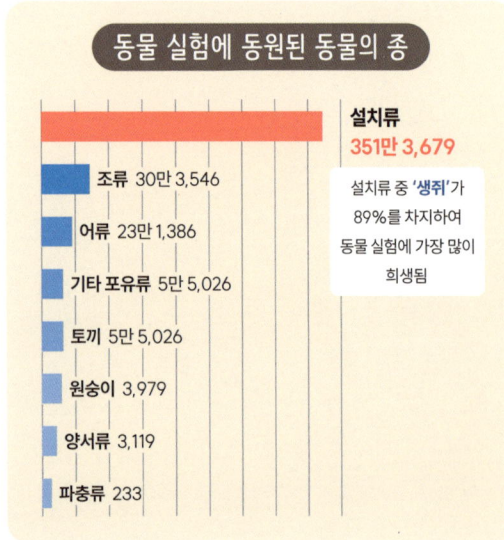

→ 동물 실험에 사용하는 동물의 종 중에서 _____

(단위: 마리)
(출처: 농림축산검역본부)

2 동물 실험을 통해 얻을 수 있는 좋은 점과 나쁜 점은 무엇인지 써 보세요.

①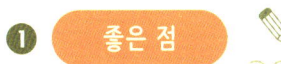

②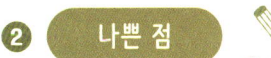

3 다음 글을 읽고 물음에 답해 보세요.

> 사람에게 쓰기 전에 약이나 물질이 안전한지 알아보기 위해 동물을 대상으로 하는 것이 동물 실험입니다. 최근 동물에게 고통을 주지 않고 실험할 방법이 개발되고 있습니다. 그 예로 인공 피부, 컴퓨터 시뮬레이션, 세포 실험 같은 기술이 동물 실험을 대신하고 있습니다.

→ 동물 실험을 대신할 방법이 필요한 이유는 무엇인가요?

4 동물 실험에 대해 찬성 또는 반대 의견을 밝히고 그렇게 생각하는 까닭을 써 보세요.

- 나는 동물 실험에 　찬성 / 반대 　합니다.

창의적 글쓰기

★ 우리 학교에 인공지능 로봇 선생님이 새로 왔습니다. '로봇 선생님은 사람 선생님을 대신할 수 있을까'라는 주제로 '주장-근거-반론-정리'의 짜임에 맞게 논리적으로 써 보세요.

지식 더하기

광고문이란?

어느 특정인이나 특정 계층을 위한 글이 아니라 일반 대중이나 소비자를 위한 사회적인 생활문입니다.

1 광고문의 목적

- ☑ 여러 사람에게 어떤 내용을 인상 깊게 알리기 위한 것입니다.
- ☑ 상품의 특징과 좋은 점을 다른 제품과 비교하여 알리기 위해 사용합니다.

2 광고문의 특성

- ☑ 창의적입니다.
- ☑ 우리 생활과 공감대를 형성합니다.
- ☑ 사진, 그림, 글 등을 이용하여 인상적으로 표현합니다.

3 광고문이 갖춰야 할 것

- ☑ 문장은 짧고 간단하며, 쉬워야 합니다.
- ☑ 표현이 신선하고 창의적이어야 합니다.
- ☑ 흥미와 관심을 끌 수 있어야 합니다.
- ☑ 내용이 진실해야 합니다.
- ☑ 알릴 내용을 정확하게 표현해야 합니다.
- ☑ 특징과 장점이 잘 나타나야 합니다.

1장 설명하는 글쓰기

01일 설명과 의견을 구분해요

1 안내문, 요리책, 신문

2 → ○
  → ✕

3 ❶ 설명
  ❷ 의견
  ❸ 설명

4 ❶ ㉠ 봄에는 여러 가지 꽃이 핍니다.
  ❷ ㉠ 독서는 우리에게 많은 지식을 줍니다.

5 ㉠ • 내 필통은 직사각형 모양이고, 검은색입니다. 귀여운 캐릭터가 그려져 있습니다.
  • 연필, 지우개, 볼펜, 색연필, 풀, 자, 가위 등 학용품을 보관합니다.

02일 물건 사용법을 설명해요

1 • 지우개, 글씨를 지울
  • 가위, 종이를 자를
  • 자, 길이를 잴

2 ❶ ㉠ 리모컨으로 전원을 켜거나 채널을 바꾸고 음량을 조절합니다.
  ❷ ㉠ 우산 손잡이의 버튼을 누르면, 자동으로 펼쳐집니다.

3 ❶ ㉠ 전원 버튼을 누른 후 손가락으로 화면을 터치해 작동합니다.
  ❷ ㉠ 연필을 연필깎이의 구멍에 넣고 손잡이를 돌리거나 밀어서 깎습니다.

4 ㉠ 정수기는 물을 깨끗하게 해줍니다. 얼음이 나오는 정수기도 있습니다. 뜨거운 물을 사용할 때는 화상을 입을 수 있으니 조심해야 합니다.

03일 스포츠를 설명해요

1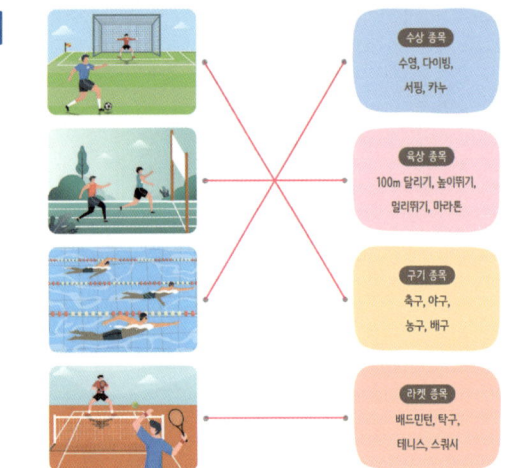

2 ❶ 양궁
  ❷ 펜싱

3 ㉠ 축구 : 열한 명이 한 팀으로, 두 팀이 공을 차며 상대팀의 골대에 공을 넣으면 점수를 얻습니다. 정해진 시간 내에 더 많은 점수를 얻은 팀이 이깁니다.

4 ㉠ 스포츠는 면역력을 길러 주고 체력을 강하게 만듭니다. 땀을 흘리고 신나게 운동을 하면 스트레스도 풀립니다. 협동심과 단결심, 정정당당한 승부 정신을 배울 수 있습니다.

04일 실험 과정을 설명해요

1 • 자석, 실험
  • 자석, 재료
  • 클립, 핀셋, 종이, 플라스틱

2 ❶ 어두운
  ❷ 밝은
  ❸ 성장

3 ❶ 접시에 우유를 붓습니다.
  ❹ 물감이 퍼지며 멋진 모양을 만듭니다.

05일 날씨와 계절의 특징을 설명해요

1

2 ❶ 따뜻한 ㉮ 겨울잠을 자던 동물들이 깨어나고 땅에서는 새싹이 나옵니다.
❷ 더운 ㉮ 낮이 밤보다 길고 장마에는 비가 많이 옵니다.
❸ 선선한 ㉮ 산이 단풍잎으로 울긋불긋 물들고, 곡식을 수확합니다.
❹ 추운 ㉮ 두꺼운 옷을 입고, 눈이 오면 눈사람도 만듭니다.

3 ㉮ 땅의 물이 증발하여 수증기가 되고, 수증기가 차가워지면서 구름을 만듭니다. 구름 속의 물방울이 커지면 비가 되어 내립니다.

06일 요리 과정을 설명해요

1 → 밀가루, 오븐
→ 달걀, 소금, 프라이팬
→ 달걀, 우유, 버터

2 ❶ 팥빙수
❷ 김치볶음밥

3 ㉮ • 소금과 참기름을 넣은 밥을 김 위에 고루 펼쳐 줍니다.
• 밥 위에 준비한 김밥 재료를 올려서 돌돌 말아 줍니다.
• 한 입에 쏙 들어갈 크기로 잘라 줍니다.

07일 공통점과 차이점을 설명해요

1

2 ❶ 과일
❷ 자연환경
❸ 교통수단(탈것)

3 ❶ 빨간, 노란
❷ 네 개, 두 개
❸ 발, 야구 방망이

4 ㉮ 책상과 의자의 공통점은 공부를 할 때 필요한 가구이고 다리가 네 개입니다. 차이점은 책상에는 책을 올려놓고, 의자는 앉는 용도입니다.

08일 과거와 현재를 비교해 설명해요

1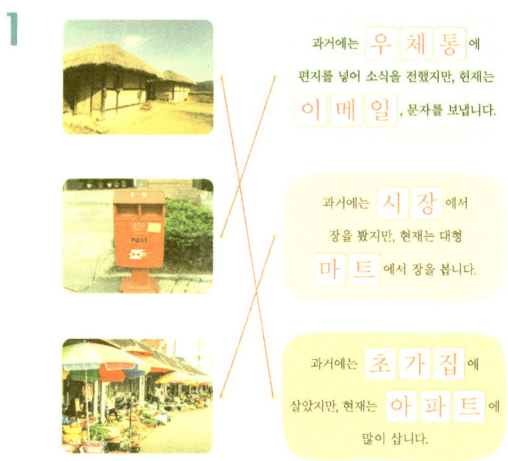

2 ❶ ㉮ 과거에는 가마솥에 밥을 했지만, 요즘은 전기 밥솥에 밥을 합니다.
❷ ㉮ 과거에는 현금을 사용했지만, 요즘은 신용 카

드를 많이 사용합니다.
- ❸ ㉠과거에는 빗자루로 먼지를 쓸어서 청소했지만, 요즘은 진공청소기를 사용하여 청소를 합니다.

3 ❶ ㉠과거에는 집집마다 유선 전화기가 있었습니다. 이후에 개인마다 들고 다니는 휴대전화가 개발되었습니다. 현재는 컴퓨터의 기능을 추가한 스마트폰을 많이 사용합니다.

09일 기념일의 의미를 설명해요

1 → 독립운동, 태극기
→ 세종 대왕, 한글, 자부심

2 ❶ 7, 17, ㉠우리나라의 헌법을 제정하고 공포한 것을 기념하는 날입니다.
❷ 10, 3, ㉠단군왕검이 우리나라를 건국한 것을 기념하는 날입니다.

3 • ㉠현충일은 6월 6일입니다. 나라를 위해 싸우다가 돌아가신 국군 장병과 순국선열의 충성을 기리는 날입니다.
• ㉠광복절은 8월 15일입니다. 일본에게 빼앗겼던 우리나라의 광복을 기념하는 날입니다.

10일 전통문화를 설명해요

1 → 한복, 명절
→ 태권도, 발차기
→ 판소리, 북

2 ❶ 김장
❷ 한옥
❸ 온돌

3 ❶ ㉠고기나 나물 등 여러 가지 재료에 양념을 넣어 비벼 먹는 음식입니다.
❷ ㉠징, 꽹과리, 장구, 북 등을 치며 즐기는 음악입니다.
❸ ㉠두 사람이 샅바를 두르고 힘과 기술을 겨루는 한국의 민속 경기입니다.

4 ㉠한국의 전통 놀이인 윷놀이를 소개할게. 윷놀이는 나무 막대 4개(윷)를 던져 나온 모양에 따라 말을 움직이는 게임이야. 팀을 나눠서, 말들을 제일 먼저 도착지에 보내면 이겨. 명절에 가족들이 모여 함께 즐기는 전통 게임이야.

✏️ 창의적 글쓰기

TIP 상상으로는 어떤 동물이든 만들 수 있습니다. 두 종류의 동물의 장점만 갖고 있는 동물을 만들 수도 있고, 한 종류의 동물에 새로운 능력을 갖게 할 수도 있습니다. 나만의 특별한 동물을 상상하여 생김새와 사는 곳, 특징, 먹이는 무엇인지 자세하고 논리적으로 표현합니다.

2장 주장하는 글쓰기

01일 주장과 근거를 익혀요

1 주장, 의견, 근거

2 → 횡단보도, 무단횡단
→ 휴대전화, 집중

3 ❶ 주장, 근거
❷ 근거, 주장

4 ❶ ㉠자연은 삶의 터전이고, 우리는 자연으로부터 많은 혜택을 누리며 살아가고 있습니다.
❷ ㉠아침밥을 먹으면 뇌의 활동을 활발하게 해 주어서 집중력과 사고력 등 학습 능률이 오릅니다.

5 ㉠근거1 : 쉬는 시간에 숙제를 하면 시간이 부족하고 집중이 잘 되지 않습니다.
근거2 : 쉬는 시간에는 충분히 쉬고 집에서 복습을 철저히 해야 효과적인 학습을 할 수 있습니다.

02일 바르고 고운 말을 사용해야 합니다

1. • "주문한 음료가 나오셨습니다."
   → 나왔습니다
   • "이 제품은 2만 원이십니다."
   → 2만 원입니다
   • "여기서 주사를 맞으시겠습니다."
   → 맞겠습니다

2. 예 주장 : 욕설을 사용하면 안 됩니다.
   근거1 : 욕설을 듣는 사람에게 정신적인 피해를 줍니다.
   근거2 : 욕설을 많이 사용하면 생각도 폭력적으로 바뀝니다.

3. 예 올바른 맞춤법을 사용합시다. 맞춤법을 잘 지켜야 자신의 생각을 정확하게 표현할 수 있습니다. 올바른 맞춤법을 사용하면 우리말의 아름다움을 지킬 수 있습니다.

03일 재활용 쓰레기를 분리해서 버려야 합니다

1.

2. 예 근거2 : 쓰레기가 줄어듭니다.
   근거3 : 환경오염을 막을 수 있습니다.

3. 예 쓰레기 무단 투기를 하지 맙시다. 쓰레기를 무단으로 버리면 길거리가 더러워지고 해충이 생길 수 있습니다. 무단으로 버려진 쓰레기를 처리하는 비용이 발생합니다.

04일 장소마다 정해진 규칙을 지켜야 합니다

1. • 도서관, 조용히
   • 준비 운동, 안전
   • 복도, 오른쪽

2.

3. ❶ 예 다른 사람들에게 불편을 줄 수 있기 때문입니다.
   ❷ 예 선생님의 말씀이 잘 들리지 않아서 친구들의 수업을 방해할 수 있기 때문입니다.

4. 예 영화관에서는 휴대전화를 꺼 놔야 합니다. 휴대전화 소리나 불빛이 다른 사람에게 방해가 될 수 있습니다.

05일 교통 규칙을 잘 지켜야 합니다

1. → 초록불, 좌우
   → 자동차, 안전벨트
   → 자전거, 보호대

2.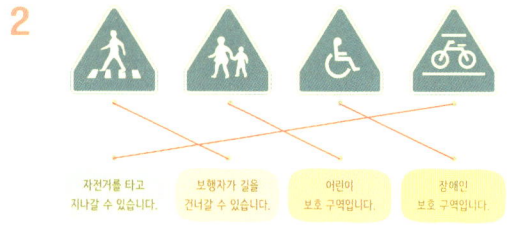

3. 예 주장1 : 차량 근처에서는 놀면 안 됩니다.
   주장2 : 횡단보도를 건널 때는 자전거에서 내려서 건너야 합니다.

4. 예 횡단보도를 건널 때는 자전거에서 내려서 건너야 합니다. 횡단보도는 보행자가 안전하게 길을 건너기 위한 곳입니다. 자전거를 타고 횡단보도를 건너면 다른 보행자와 부딪히거나 위험한 상황이 생길 수 있습니다.

06일 피부색으로 차별하면 안 됩니다

1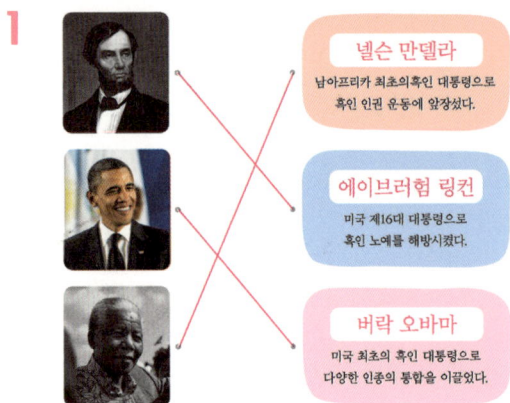

- 넬슨 만델라 — 남아프리카 최초의 흑인 대통령으로 흑인 인권 운동에 앞장섰다.
- 에이브러햄 링컨 — 미국 제16대 대통령으로 흑인 노예를 해방시켰다.
- 버락 오바마 — 미국 최초의 흑인 대통령으로 다양한 인종의 통합을 이끌었다.

2 ❶ 근거
　❷ 주장

3 ㉠ 주장 : 살색은 다양해야 합니다.
　근거 : 여러 인종마다 고유의 피부색이 다르기 때문에 한 가지 색만 살색이라고 부르기 어렵습니다.

4 ㉠ 인간은 모두 평등한 존재입니다. 스스로 바꿀 수 없는 부분으로 인한 차별은 옳지 않으며, 서로의 다양성을 인정해야 사회는 더욱 발전할 수 있습니다.

07일 공동 주택에서는 예절을 지켜야 합니다

1 → 청소기, 세탁기
　→ 뛰지, 슬리퍼
　→ 악기 연주

2 ㉠ 주차를 할 때는 주차선에 맞춰서 주차를 해야 합니다.
　㉠ 엘리베이터에서 이웃을 만나면 반갑게 인사해야 합니다.
　㉠ 내 집이더라도 베란다에서 담배를 피우면 안 됩니다.

3 ㉠ 엘리베이터에서는 절대로 뛰면 안 됩니다. 넘어지거나 부딪히는 등 안전사고가 발생할 수 있습니다. 엘리베이터에 함께 탄 사람에게 불편을 줄 수 있습니다.

08일 스마트폰을 오래 사용하지 않습니다

1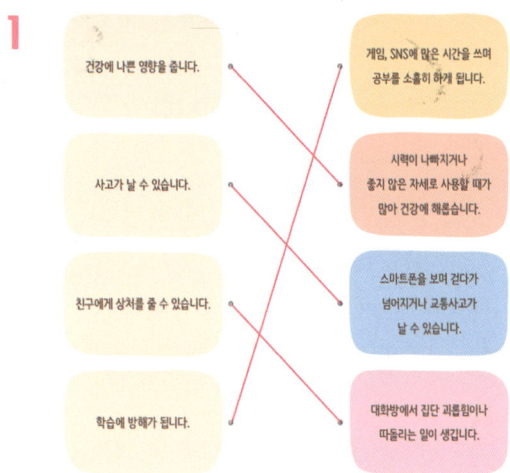

- 건강에 나쁜 영향을 줍니다. — 시력이 나빠지거나 좋지 않은 자세로 사용할 때가 많아 건강에 해롭습니다.
- 사고가 날 수 있습니다. — 스마트폰을 보며 걷다가 넘어지거나 교통사고가 날 수 있습니다.
- 친구에게 상처를 줄 수 있습니다. — 대화방에서 집단 괴롭힘이나 따돌리는 일이 생깁니다.
- 학습에 방해가 됩니다. — 게임, SNS에 많은 시간을 쓰며 공부를 소홀히 하게 됩니다.

2 ❶ ㉠ 과도한 스마트폰 사용은 학습에 방해가 됩니다.
　❷ ㉠ 스마트폰의 사용 시간을 적절히 관리해야 합니다.

3 ❶ ㉠ 장기간 스마트폰을 사용하니 목과 어깨에 통증이 생겼습니다.
　❷ ㉠ 밤 늦은 시간까지 스마트폰으로 게임을 하다가 다음 날 늦잠을 잤습니다.

4 ㉠ 스마트폰을 영어 학습에 활용하면 편리합니다. 스마트폰으로 정확한 영어 발음을 들을 수 있고, 모르는 단어도 바로 찾아볼 수 있기 때문에 매우 유용합니다.

09일 용돈을 계획적으로 써야 합니다

1 → 계획, 낭비
　→ 저금, 습관
　→ 용돈 기입장, 기억

2 • ㉠ 용돈 사용 내용 : 아이스크림, 캐릭터 볼펜
　• ㉠ 사용한 금액 : 1,000원, 2,000원
　• ㉠ 당장 필요하지 않은 물건은 사지 않기로 합니다.

3 ❶ ㉠ 돈이 꼭 필요할 때 쓸 수가 없습니다.
　❷ ㉠ 돈을 꼭 사용해야 하는 곳과 아닌 곳을 구분

해 쓸 수 있고, 저금도 할 수 있습니다.

❸ 예) 용돈 기입장을 적습니다. 용돈의 일부를 저금합니다.

4 예) 기분에 따라서 물건을 사는 습관을 버려야 합니다. 돈을 쉽게 낭비할 수 있습니다. 기분에 따라 산 물건은 나중에 쓸모가 없다고 느껴져 후회할 수 있습니다.

10일 공공질서를 잘 지켜야 합니다

1 → 영화관, 휴대전화
→ 강아지, 배변
→ 인도, 주차

2 ❶ 이기심
❷ 불이익

3 예) • 도서관에서 : 조용히 하기, 책 소중히 다루기
• 길거리에서 : 쓰레기 버리지 않기, 침 뱉지 않기
• 대중교통에서 : 떠들지 않기, 자리 양보하기

4 예) 놀이공원에서 놀이기구를 탈 때는 줄을 서야 합니다. 먼저 온 사람이 먼저 탈 수 있도록 하는 것이 공평합니다. 한꺼번에 많은 사람이 몰리면 위험합니다.

창의적 글쓰기

TIP 상상 속에서만 존재할 줄 알았던 로봇이 이제는 인간처럼 생각하고 판단하는 인공지능 로봇으로까지 발전했습니다. 나의 학교생활을 도와주는 로봇이 있다는 것은 참으로 흥미로운 일입니다. 학교생활을 도와주는 로봇 친구가 있다면 장점과 단점은 무엇일지 생각해 보고, 로봇 친구의 필요성에 대해 자세하고 논리적인 글로 표현합니다.

3장 제안하는 글쓰기

01일 선생님께 인사를 잘 합시다

1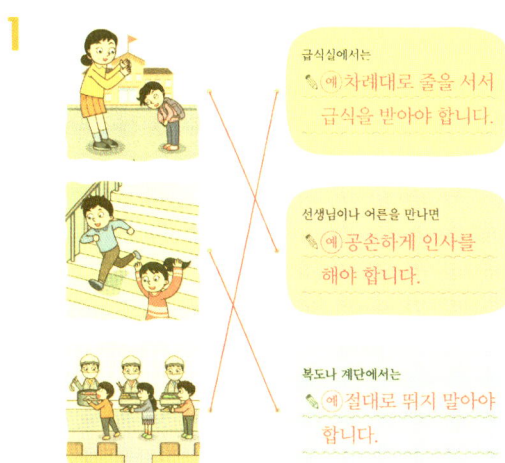

2 ❶ 반납, 불편
❷ 물, 깨끗이

3 ❶ 예) 수업이 시작되기 전에 자리에 앉아서 다음 수업을 준비합니다.
❷ 예) 숙제를 해 오지 않는 친구는 청소를 시킵니다.

4 예) 등교 시간을 잘 지킵시다. 지각을 자주 하면 습관이 됩니다. 다른 친구들에게 피해를 줄 수 있습니다.

02일 음식물 쓰레기를 줄입시다

1 ❶ 필요한
❷ 버리지 않고
❸ 덜어서

2 ❶ 조리
❷ 음식물
❸ 보관

3 ❶ 남은 음식
❷ 받아야

4 예) 학교 급식을 자율 배식으로 합시다. 자신이 먹을 음식만 스스로 가져오기 때문에 책임감을 기를 수 있습니다. 버려지는 잔반을 줄일 수 있습니다.

03일 우리 명절을 소중히 지킵시다

1

정월 대보름 (음력 1월 15일) — 새해 첫 보름달이 뜨는 날로, 한 해의 건강과 풍요를 기원합니다.

추석 (음력 8월 15일) — '한가위'라고도 부르며 한 해의 농사를 마무리하고 이듬해의 풍년을 기리는 날입니다.

설날 (음력 1월 1일) — 새해 첫 시작을 알리는 날로, 새로운 목표와 다짐을 세워 한 해를 준비합니다.

2 ❶ 무덤, 성묘하기
❷ 모내기, 그네뛰기

3 예) 명절은 우리 조상들의 지혜와 삶이 담겨 있습니다. 명절을 통해 예절과 감사의 마음을 배울 수 있습니다.

4 예) 명절의 전통 음식을 만들어서 가족들과 나누어 먹읍시다. 전통 음식은 단순한 먹을거리가 아니라 풍요를 상징하고 건강을 기원하는 등 깊은 의미가 있기 때문입니다.

04일 물을 아껴 씁시다

1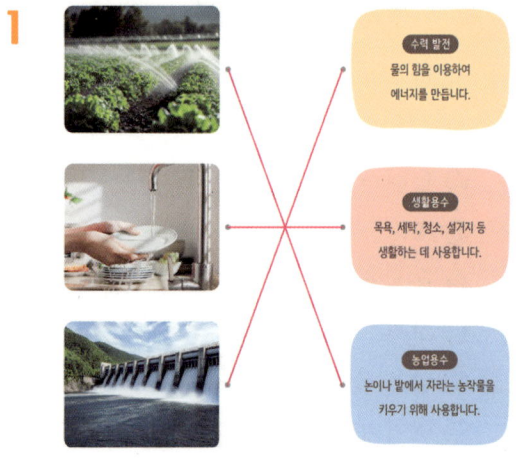

수력 발전 — 물의 힘을 이용하여 에너지를 만듭니다.

생활용수 — 목욕, 세탁, 청소, 설거지 등 생활하는 데 사용합니다.

농업용수 — 논이나 밭에서 자라는 농작물을 키우기 위해 사용합니다.

2 ❶ 인구 증가, 산업화
❷ 수질 오염
❸ 기상 이변

3 ❷ 예) 샴푸나 린스와 같은 합성 세제의 사용을 줄입니다.
❸ 예) 세탁물은 모아서 한꺼번에 세탁기를 돌립니다.

4 예) 소중한 물을 아껴 씁시다. 물은 인간과 동식물이 살아가는 데 없어서는 안 되는 자원입니다. 지구상의 물은 한정되어 있고, 전 세계적으로 물 부족 문제가 심각하기 때문입니다.

05일 공정한 선거를 합시다

1 • 보통
• 평등
• 직접
• 비밀

2 ❶ 직접 선거
❷ 평등 선거
❸ 보통 선거
❹ 비밀 선거

3 예) 비밀 선거, 투표를 할 때는 내가 누구에게 투표했는지 다른 사람이 알지 못하게 합니다.

4 예) 우리 반의 반장은 성실하고 모범적인 친구가 되어야 합니다. 그래야 친구들이 반장의 모습을 본받고 불평 없이 반장의 말을 따를 것이기 때문입니다.

06일 문화유산을 보호합시다

1 • 무형 유산
• 유형 유산
• 인간문화재

2 고인돌, 수원 화성, 석굴암

3 ❶ 예) 누군가가 문화유산에 불을 질렀기 때문입니다.
❷ 예) 문화유산 주변의 경비를 강화합시다.

4 예) 우리 문화유산에 더욱 관심을 가집시다. 문화유산은 역사와 전통이 녹아 있는 우리 민족의 재산

입니다. 우리는 문화유산을 잘 보존하여 다음 세대에게 물려주어야 할 의무가 있습니다.

07일 독도를 아끼고 사랑합시다

1.
   - 우산도
   - 석도
   - 독도
2. ❶ 황금 어장
   ❷ 화산섬
   ❸ 해상 교통
3. (예) 낯선 사람의 침입을 막고, 무분별한 낚시로 독도의 아름다운 자연과 생태계가 훼손되지 않도록 살필 것입니다.
4. (예) 독도에 대해 관심을 갖고 정확하게 이해합시다. 우리나라의 소중한 국토인 독도에 대해 정확하게 알고 있어야 일본의 잘못된 주장을 비판할 수 있습니다. 다른 나라 사람들에게도 독도가 왜 대한민국 땅인지 설명할 수 있습니다.

08일 지구의 온도를 낮춥시다

1.
   - 대기
   - 수질
   - 토양
2. ❶ 이상 기후
   ❷ 엘니뇨
   ❸ 기상 이변
3.
   - (예) 자동차의 배기가스가 대기 오염을 일으켜 지구의 온도를 올리고 있습니다.
   - (예) 전기 자동차를 사용하여 자동차 매연을 줄입니다.
4. (예) 과도한 냉난방기 사용을 줄입시다. 냉난방기 사용을 위해 전기가 필요한데, 전기를 만드는 과정에서 이산화탄소가 발생합니다. 이산화탄소와 같은 온실가스는 지구의 온도를 높이는 주범입니다.

09일 생태계를 보호합시다

1.
   - 생산자
   - 소비자
   - 분해자
2. (예) 한 생물이 사라지면, 그것과 연결된 먹이 그물이 무너지고 생태계의 균형이 깨집니다. 예를 들어 뱀이 사라지면 천적이 없어진 들쥐들이 많아지며 인간의 건강도 위협합니다.
3. (예) 플라스틱, 쓰레기 등
4. (예) 산을 깎아 아파트를 짓고 골프장을 만드는 것을 멈춥시다. 산은 다양한 동식물의 삶의 터전입니다. 무분별한 공사는 산을 파괴하고 그 안에 있는 동식물은 삶의 터전을 잃게 됩니다. 생태계의 균형이 깨지면 인간의 삶에도 큰 영향을 끼칩니다.

10일 전쟁을 멈추고 평화를 지킵시다

1.
   - (예) 총, 폭탄, 전투기, 탱크, 불, 폭발, 파괴, 죽음, 두려움
   - (예) 고아, 난민, 슬픔, 폐허, 슬픔, 허무함
2. (예) 영토나 자원을 늘리기 위해서, 나라 간의 의견 차이가 심해서, 종교적인 갈등 때문에
3. ❶ (예) 수많은 사람이 다치거나 생명을 잃게 됩니다.
   ❷ (예) 건물이나 다리가 무너지는 등 도시가 파괴됩니다.
   ❸ (예) 소중한 문화유산이 훼손되거나 유실될 수 있습니다.
4. (예) 나라 간에 갈등이 일어났을 경우에는 전쟁을 하는 것이 아니라 대화를 통해 타협해야 합니다. 전쟁은 각 나라의 국민에게 공포를 겪게 하고, 삶을 파괴시킬 수 있습니다. 전쟁이 아니더라도 대화와 타협을 통해 얼마든지 문제를 해결할 수 있습니다.

📝 창의적 글쓰기

TIP 지구 온난화는 전 세계적으로 심각한 문제를 일으키고 있습니다. 지구 온난화는 자연적인 원인과 인위적인 원인에 의해 발생합니다. 하지만 최근의 급격한 기온 상승의 문제는 인간의 활동에서 비롯된 것입니다. 지구 온난화를 해결할 수 있는 방법에 대해 논리적으로 표현합니다.

4장 토의&토론하는 글쓰기

01일 모든 것을 다수결로 결정할 수 있을까요?

1 → ○
　→ ×
　→ ○

2 ❶ 대화, 토론
　❷ 소수, 존중

3 ❶ ㉔ 다수결은 모든 사람의 의견을 동등하게 반영할 수 있습니다. 빠른 결정이 필요할 때는 효과적인 방법입니다.
　❷ ㉔ 소수의 의견이 무시당할 수 있습니다. 다수결을 승리와 패배라고 생각하면 갈등이 생길 수 있습니다.

4 ㉔ 다수결의 원칙은 문제를 해결하는 가장 빠르고 효과적인 방법입니다. 하지만 다수의 의견이 항상 옳다고 할 수 없습니다. 친한 친구들끼리 뭉쳐 자기들만 유리한 결정을 내릴 경우에는 공정하지 않습니다. 그래서 다수결을 할 때는 소수의 입장도 함께 생각해야 합니다.

02일 남녀의 역할이 정해져 있을까요?

1 ❶ 엄마는 설거지를 하고, 아빠는 텔레비전을 봅니다.
　❷ 아빠는 설거지를 하고, 엄마는 청소기를 돌립니다.
　❸ ㉔ 집안일은 누가 해야 한다고 정해진 것이 아니라 가족 구성원이 모두 함께해야 합니다.

2 • ㉔ 남성을 생각하면 떠오르는 직업 : 경찰, 소방관, 비행기 조종사, 버스나 택시 운전기사, 운동선수
　• ㉔ 여성을 생각하면 떠오르는 직업 : 미용사, 피부관리사, 간호사, 보육 교사, 항공기 승무원
　• ㉔ 옛날에는 힘을 쓰는 일이나 중요한 일은 남자가, 가꾸고 섬세한 일은 여자가 주로 해야 한다고 생각했기 때문입니다.

3 ❶ 성역할
　❷ 성차별

4 ㉔ 남자는 무조건 강해야 하고, 여자는 조용하고 착해야 한다는 생각은 고정관념입니다. 또 남자는 파란색, 여자는 분홍색을 좋아한다는 생각도 잘못되었습니다. 사람마다 성격과 취향이 다르기 때문에 성별로 나누는 생각은 옳지 않습니다

03일 자유와 평등 중 무엇이 먼저일까요?

1 • 인권
　• 자유
　• 평등

2 ❶ 조건의 평등
　❷ 결과의 평등
　❸ 기회의 평등

3 ❶ ㉔ 내가 하고 싶은 것을 자유롭게 할 수 있고, 마음껏 표현할 수 있습니다.
　❷ ㉔ 질서나 배려가 없어지고 자신만 편하기 위해 다른 사람에게 피해를 줄 수 있습니다.

4 ㉔ • 자유 : 말이나 행동을 자유롭게 하지 못하고, 갖고 싶은 것을 가질 수 없다면 행복할 수 없습

니다.
- 평등 : 성별이나 신분, 재산의 많고 적음에 따라서 사람을 차별하거나 권리를 주지 않는다면 불만과 갈등이 생길 것입니다.

04일 권리와 의무 중 무엇이 더 중요할까요?

1.
   - 자유권
   - 참정권
   - 사회권

2.
   - 예 교육의 의무 : 모든 국민이 기초적인 지식을 배우고 사회화 과정을 경험할 수 있습니다. 만약 교육을 받는 것이 의무가 아니라면, 소수에게만 교육의 기회가 주어지고 이로 인해 사회적인 불평등이 생길 수 있습니다.
   - 예 납세의 의무 : 국가는 세금을 통해서 나라의 살림을 하고 국민이 살아가는 데 필요한 도로나 다리 등을 건설합니다. 그리고 세금으로 국민의 복지를 향상시키기 위해 노력합니다.

3.
   - 권리에 해당하는 것 : ①, ③, ⑤
   - 의무에 해당하는 것 : ②, ④, ⑥

4.
   - 예 권리 : "모든 국민은 인간으로서 존엄한 가치를 가지며, 행복을 추구할 권리를 가진다"라고 국민의 권리에 대해 헌법에 규정하고 있습니다.
   - 의무 : 대한민국 국민이라면 모두 행복하기 위해서 국민으로서 지켜야 할 의무를 반드시 지켜야 합니다. 의무를 다하기 때문에 모든 국민이 행복할 수 있습니다.

05일 반려동물은 행복할까요?

1.
   ① 안정감, 스트레스
   ② 책임감, 소중함

2.
   - 예 동물원에서는 멸종 위기에 처한 동물이나 야생 동물을 보호하고 번식에 힘을 씁니다.
   - 예 동물은 자연에서 살아갈 권리가 있습니다. 동물원에 가두는 것은 동물 학대입니다.

3. 예
   - 길고양이에게 먹이를 주는 것에 찬성합니다. 인간은 모든 생명을 소중히 생각해야 하기 때문입니다.
   - 길고양이에게 먹이를 주는 것에 반대합니다. 먹이를 주면 그 수가 늘어나고, 주차된 차에 상처를 내거나 갑자기 튀어나오는 등 사람에게 피해를 주기 때문입니다.

06일 어린이에게 다이어트가 필요할까요?

1.
   → 열량
   → 운동량, 부족
   → 잠, 성장

2.
   ① 예 편식하지 않고 음식을 골고루 먹습니다.
   ② 예 규칙적으로 운동을 합니다.

3.
   ① 예 어린이도 건강을 위해 다이어트를 해야 한다.
   ② 예 무리한 다이어트는 성장에 해롭다.

4. 예
   - 찬성 : 친구들이 놀리거나 따돌릴 수 있습니다. 몸이 건강해지면 자신감이 생기고 학교생활이 즐거워집니다. 어릴 때 비만이면 어른이 되어 성인병에 걸리기 쉽습니다.
   - 반대 : 영양소가 부족해져서 성장 발육이 잘 안 됩니다. 무리하게 다이어트를 하면 건강을 해칩니다.

07일 인공지능 로봇의 장단점은 무엇일까요?

1.
   ① 청소 로봇
   ② 수술 로봇
   ③ 농사 로봇
   ④ 배달 로봇

2. 예 인공지능 로봇이 사람을 대신하여 일을 한다면 사람들의 일자리가 점점 없어질 것입니다. 인공지능 로봇은 사람의 행동이나 말 등을 센서로 감지하고 기록하기 때문에 개인의 사생활을 침해할 수 있습니다. 어떤 문제가 생겼을 때 사람들이 스스로 해결하려고 하지 않고 인공지능 로봇에게

의존하게 될 것입니다.

3 ❶ ⓔ 인공지능 로봇이 엄마의 힘든 집안일을 대신해 주기 때문에 엄마가 쉴 수 있습니다.
❷ ⓔ 인공지능 로봇은 엄마만큼 나를 잘 이해하고 사랑해 주지 않습니다.

4 ⓔ • 찬성 : 이제는 인간이 로봇과 함께 사는 시대가 되었습니다. 로봇이 스스로 생각하고 감정이 있다면 사람을 잘 이해할 수 있어서 생활이 편리해질 것입니다.
• 반대 : 로봇이 감정을 표현한다면 좋은 감정뿐만 아니라 분노나 미운 감정도 있을 것입니다. 그러면 인간을 해치거나 지배하려고 할 수도 있습니다.

08일 억지로라도 독서를 해야 할까요?

1 → 배경 지식
→ 어휘력, 표현력
→ 창의력, 상상력

2 ⓔ 가 좋은 책 속에는 훌륭한 사람들의 생각이 담겨 있습니다. 책을 읽는 것은 훌륭한 사람과의 대화라는 말이 인상 깊었습니다.

3 ❶ ⓔ 여러 분야의 지식을 접할 수 있습니다.
❷ ⓔ 독서에 대한 흥미가 떨어질 수 있습니다.

4 ⓔ • 찬성 : 평소에 책을 잘 안 읽는 친구들이 있기 때문에 억지로라도 독서를 하면 자연스럽게 독서의 재미를 느끼고 습관을 들일 수 있습니다.
• 반대 : 독서가 공부로 여겨지면 책을 더 안 읽게 됩니다. 개인의 독서 수준과 관계없이 정해진 책을 읽으면 기억에 남지 않습니다.

09일 부자는 세금을 더 내야 할까요?

1 • 소득, 직접
• 물건, 포함, 다른

2 윤서

3 세금, 적게, 돈

4 ⓔ • 찬성 : 부자들은 세금을 많이 내도 경제적으로 큰 어려움이 없습니다. 부자들이 낸 세금으로 교육, 건강, 복지 등을 지원할 수 있습니다.
• 반대 : 부자들도 자신의 노력으로 열심히 일해서 돈을 번 것입니다. 부자들은 세금을 덜 내기 위해 탈세를 하거나 다른 나라로 이민을 갈 수 있습니다.

10일 동물 실험이 꼭 필요할까요?

1 → 증가하고 있습니다.
→ 생쥐의 수가 가장 많습니다.

2 ❶ ⓔ 동물 실험은 의학의 발전에 큰 도움을 줍니다.
❷ ⓔ 동물에게 고통을 주게 됩니다.

3 ⓔ 동물을 보호하면서도 안전하게 실험할 수 있게 도와주기 때문입니다.

4 ⓔ • 찬성 : 동물 실험을 통해 약이나 화장품, 식품이 안전한지 검증하고, 질병의 예방과 치료에 필요한 기술을 개발하므로 인간의 건강과 안전을 보호할 수 있습니다.
• 반대 : 동물도 고통을 느끼는 존재입니다. 인간의 이익을 위해 동물을 희생시키는 것은 생명을 존중해야 한다는 가치에 어긋납니다. 동물과 인간은 생물학적으로 차이가 있기 때문에 동물 실험의 결과를 모두 믿을 수 없습니다.

✏️ 창의적 글쓰기

TIP 로봇 선생님의 장점과 단점을 균형 있게 생각해 보는 것이 중요합니다. 사람 선생님과 어떤 점이 다르고, 어떤 부분에서 로봇이 더 잘하거나 부족할지를 비교합니다. 미래 학교의 모습에 대해 상상력 있게 써도 좋습니다. 나만의 생각을 쓰되, 다른 친구들의 입장도 함께 생각해 보며 논리적으로 표현합니다.

1판 1쇄 인쇄 2025년 5월 20일
1판 1쇄 발행 2025년 5월 27일

지은이 | 안상현
발행인 | 김형준

기획 | 김아롬
책임편집 | 허양기, 박시현, 박영지, 이의정
디자인 | 권지혜
온라인 홍보 | 허한아
마케팅 | 진선재

발행처 | 체인지업북스
출판등록 | 2021년 1월 5일 제2021-000003호
주소 | 경기도 고양시 덕양구 원흥동 705, 306호
전화 | 02-6956-8977
팩스 | 02-6499-8977
이메일 | change-up20@naver.com
홈페이지 | www.changeuplibro.com

ⓒ 안상현, 2025

ISBN 979-11-91378-73-3 73700

- 이 책의 내용은 저작권법에 따라 보호받는 저작물이므로,
  전부 또는 일부 내용을 재사용하려면 저작권자와 체인지업의 서면 동의를 받아야 합니다.
- 잘못된 책은 구입처에서 바꿔 드립니다.
- 책값은 뒤표지에 있습니다.

체인지업북스는 내 삶을 변화시키는 책을 펴냅니다.